캄보디아에서 만난 하나님

부름에서 택함으로

황 신

한스북스

추천의 글

캄보디아에서 길어 올린 생명의 말씀

　황신 선교사님의 지난 30년 선교 여정은 광야에서 말씀의 우물을 파는 순례자의 길이었습니다.

　1995년, 내전으로 혼란이 가득했던 캄보디아 땅에 홀로 첫발을 내디딘 황 선교사님은 외로운 광야와 같았던 그 땅에서 오히려 하나님의 말씀을 새롭게 만나는 은혜를 체험하셨습니다.

　광야를 의미하는 히브리어 '미드바르'가 '말씀이 임하는 곳'을 의미하는 것임을 다시 한 번 깨닫게 되었다는 선교사님의 고백처럼, 캄보디아에서 길어 올린 생명의 말씀은 한 사람의 위로와 은혜로 그치지 않고, 신앙 공동체를 세우는 귀한 밑거름이 되었습니다.

　특별히, 이 책은 단순한 회고가 아닌 현지 성도들과 나누었던 살아있는 하나님의 말씀이며, 제2기 사역을 준비하고 계신 선교사님의 깊은 묵상과 순종의 발자취를 담고 있습니다.

광야의 길을 기쁨과 감사로 걸어오신 선교사님의 삶과 고백이 이 책을 접하는 모든 이에게 깊은 감동과 도전이 되기를 바랍니다.

또한 선교사님이 쫓았던 말씀의 물줄기를 따라 다시금 하나님의 음성을 듣는 소중한 기회가 되기를 소망합니다.

여의도순복음교회
담임목사 **이영훈**

추천의 글

하나님으로부터 받은 주옥같은 말씀

1994년 1월 여의도순복음교회에 세계선교훈련원을 시작하고 황신 선교사님을 처음 만났습니다.

선교사로 어느 나라를 품고 기도하는가 물었을 때 캄보디아라고 대답을 하였습니다. "캄보디아는 위험하고 힘든 곳이지만 하나님께서 영적 부담을 주셨다."라고 하였습니다.

그 후 혹독한 선교훈련을 받고 파송된 후 저는 30년 동안의 선교사님의 사역을 지켜보았습니다.

황신 선교사님은 하나님 앞에 참 순수하고 맑은 주님의 종입니다. 하나님의 말씀에 대한 깊은 통찰력과 이해를 가지고 있으며 가볍게 던지는 말 한마디에도 깊은 의미와 생각이 담겨 있는 것을 많이 느꼈습니다.

선교사님의 선교관은 하나님의 말씀을 이루는 것이라고 하였습니다. 말씀과 다른 선교는 아무런 의미가 없고 모래성처럼 무너질 것이라고 생각을 합니다.

선교사님은 캄보디아라는 광야 같은 선교의 현장에서 하나님의 말씀을 양식 삼아 말씀이 이루어지도록 기도하며 달려 오셨습니다.

  이 글은 우상으로 가득 찬 흑암의 땅에서 지난 30년 동안 크고 작은 역경과 절망이 가로막을 때마다 하나님 앞에 눈물로 기도하며 하나님으로부터 받은 주옥같은 말씀입니다.

  수필형식으로 부담 없이 읽을 수 있을 수 있지만 깊은 깨우침을 받을 수 있는 책입니다.

  사역자들 뿐 아니라 성도님들에게 제가 원고를 읽어가며 받은 은혜가 동일하게 임하길 기도하며 이 책을 추천합니다.

전 여의도순복음교회 세계선교훈련원장
아틀란타순복음교회 원로목사 **김병기**

여는 글

캄보디아에서 30년을 보내고

어느 선교단체에서 장기 사역하는 선교사를 대상으로 조사했는데 공통점이 있었단다.

"첫째 할 줄 아는 것이 없는 선교사, 둘째 오라는 데가 없는 선교사, 셋째 갈 데가 없는 선교사였다"고 한다.

웃자고 하는 이야기였지만, 어쩌면 그렇게도 나에게 꼭 맞는 말인지 모르겠다. 나도 그래서 캄보디아에서 한 우물만 파며 내 인생의 대부분을 보낸 것 같다.

2025년은 선교 30년이 되는 해이자, 파송교회에서 정년이 되는 해이다. 몇 년 전부터 하나님께서 새로운 2기 선교사역을 준비시킨다는 것을 알았다.

제자 목회자들은 청년 때 만나서 40대 50대가 되었다. 계속 제자들과 같이 있는 것은 그들에게 자유를 빼앗고, 걸림돌이 될 수도 있을 것 같았다.

이제 나는 정든 선교지를 떠나 제자들을 하나님 앞에 단독으로 세우고 나는 새로운 역할을 해야 한다.

아내는 몇 년 전부터 제2기 사역을 하겠다고 사이버대학에서 다문화학을 공부하고, 상담학을 공부하며 바쁘게 보내고 있다. 현재 캄보디아인들은 한국에서 소수민족을 이룰 정도로 많아지고 있다. 그들을 위해 한국에 캄보디아 교회가 세워지도록 도와야 한다는 마음이 강하게 일고 있다.

1995년 2월 21일, 이 날은 지금도 나의 뇌리에 선하다. 캄보디아는 아직 내전이 끝나지 않아서 나 홀로 선교지에 입국했었다. 캄보디아는 한국의 적성국가여서 당시는 대사관이나 대표부 등 한국정부 기관이 전혀 없었던 때였다. 누가 게릴라인지 정부군인지도 알 수 없어 맘대로 갈 수 있는 곳이 없었고, 내가 할 수 있는 것은 아무것도 없었다.

가족도 없이 나 홀로 있는 캄보디아는 외로운 광야였고 밤마다 울어도 누구 하나 위로하는 사람이 없었다. 캄보디아에서 나는 '광야'가 히브리어로 '미드바르'이고 그 의미가 '말씀이 임하는 곳'이라는 뜻이 있음을 알았다. 캄보디아는 내가 의지하는 모든 것을 끊게 하는 광야였고, 하나님의 말씀으로 새롭게 태어난 곳이다.

30년 선교 사역을 돌아보면 남는 것은 후회되는 것이 더 많다. 많은 시행착오 끝에 20년이 지났을 때 선교는 말씀을 이루는 것임을 깨달았다. 그때부터 눈에 보이는 사역과 실적이 아님, 말씀을 이루는 사역에 집중하다 보니 선교가 쉽고 기쁘고 행복했다.

말씀과 다른 선교는 주님께서 보시기에 아무 의미가 없고 모래성처럼 무너질 것이다. 예수님의 십자가 사역처럼 내가 죽고 말씀이 이루어질 때 그 선교는 하나님께 영광이 되고 "잘했다! 착하고 충성된 종아!" 하시며 기뻐하실 것이다.

이 책은 선교지 간증집이 아니고, 한 부족한 선교사가 광야에서 말씀의 우물을 파고 현지 성도들과 나눈 것을 편집한 것이다. 이 일을 위해 함께 걸어준 사랑하는 아내 최중희 사모에게 한없이 고맙고, 아빠와 엄마의 뒤를 이어 같이 믿음의 길을 가는 딸 에스더와 아들 다니엘에게 힘찬 응원의 박수를 보낸다.

끝으로 여기까지 올 수 있도록 어린 나를 영적으로 키워주시고 캄보디아로 파송하여 주신, 지금은 천국에서 기뻐하실 그리운 조용기 목사님께 감사드린다.

그리고 항상 선교시의 영적 멘토이자 큰 형님으로 지켜주시는 이영훈 담임 목사님께 감사한다.

우리 하나님 영광 받으소서!

2025년 5월

프놈펜에서 **황 신** 선교사

목차

추천의 글_ 이영훈 여의도순복음교회 담임목사 • 2
추천의 글_ 김병기 전 여의도순복음교회 세계선교훈련원장 • 4
여는 글_ 캄보디아에서 30년 보내고 • 7

혼란과 어둠의 땅 • 13
정의와 공의 • 23
부르심과 택하심 • 31
천국의 시작 • 41
생명나무와 선악과 • 51
지혜와 총명이 있는 자 • 61
예복을 입지 않은 사람 • 71
자유하라 • 81
여리고 성을 허물고 가라 • 91
영광에서 영광으로 • 101
접붙임의 은혜 • 111
다윗 영성의 비밀 • 121
초림을 보고 재림을 안다 • 131

당신이 성전입니다	• 141
일과 예배	• 151
때가 아직 낮이매	• 161
성벽을 건축하라	• 171
너희는 거룩하라	• 181
인본주의와 666	• 191
성막을 세워라	• 201
믿음의 법칙	• 211
늙어가는 다윗	• 221
부활 신앙	• 231
두 증인 교회	• 241

닫는글_ 또 다른 선교의 비전을 꿈꾸며 • 250

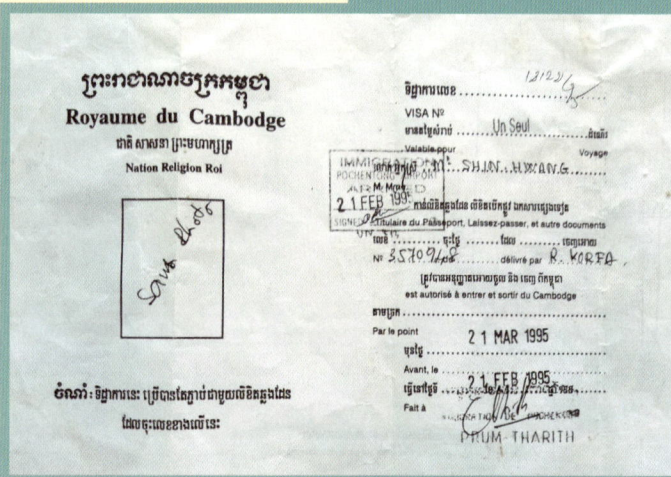

혼란과 어둠의 땅

◆ ◆ ◆

30년 전 캄보디아 입국 비자는 지금 봐도 우습다.
킬링필드로 유명한 캄보디아는
공산화와 내란으로 혼돈의 밤이었다.
한국을 비롯해 많은 나라에서
캄보디아 입국은 불법이었다.
그것을 알고 있는지 캄보디아 정부에서도
입국자가 원하면 비자를
여권이 아닌 다른 종이에 찍어줬다.
나도 여권에 흔적을 남기지 않으려고
다른 종이에 비자를 받았나.
이 일로 한국에 입국할 때 얼마나 맘 졸였는지….

캄보디아는 갈 수 없는 땅이기 때문에
가는 사람이 없기 때문에
그래서 하나님이 나를 보내었다.

혼란과 어둠의 땅

땅이 혼돈하고 공허하며 흑암이 깊음 위에 있고
하나님의 영은 수면 위에 운행하시니라 _창 1:2

    1995년 2월의 캄보디아는 혼란과 공허와 어둠 그 자체였다. 가로등 하나 없어 칠흑 같은 어둠의 밤이었고, 매일 밤 쏘아대는 총소리로 낮이나 밤이나 두려움이었다. 당시는 폴포트가 이끄는 크메르 루즈 게릴라의 문제를 해결하지 못해서 유엔군이 들어와 질서를 유지하고 있었다.

    어디에도 교회를 찾기가 쉽지 않았고, 잘 지어진 절과 용 우상의 수호신은 영적으로 이 나라가 한밤중임을 나타냈다. 백성들의 마음속은 전통 종교가 뿌리 깊이 박혀 우상숭배에서 벗어날 가능성이 없었다. 이것들을 허물어 내지 않고 복음을 전하는 것은 기존의 모습에 새 옷을 입혀주는 것에 불과하여 집에 가서 벗어버리면 본래의 모습으로 돌아가는 것이다.

카오스는 사탄의 다른 이름

헬라 신화에서 '카오스Chaos'는 최초의 신으로, '혼돈과 공허의 신'이다. 후에 카오스는 보통명사화되어 혼돈이 된다. 신화 속의 신들의 이름은 후에 보통명사로 굳어진다. 우라노스는 하늘 신의 이름이지만 보통명사 하늘이 된다. 가이아는 땅 신의 이름이지만 보통명사 땅이 된다.

하나님이 세상을 창조하시자 처음 땅에 내려온 사탄이 카오스인 것이다. 카오스는 혼돈이고, 사탄의 다른 이름인 것이다. 신화는 바벨론에서 시작하여 이집트로 전해지고, 이집트의 신화는 헬라로 전해져서 서양문화가 되었다. 나라와 시대마다 신들의 이름만 다를 뿐이고 모든 역할은 같다.

창세기 1장 2절은 하나님이 천지를 창조하신 후 가장 먼저 사탄이 땅에 내려온 것을 말한다. 이때는 아담이 창조되기 전이고, 이스라엘의 출애굽(BC 1446) 보다 약 1500년 전이다.

사탄과 귀신들은 타락한 천사들로서 먼저 땅에 내려와 모든 영역에 자기 이름을 붙여놓고 주인행세를 하였다. 하나님이 하신 모든 일을 자기들이 한 것으로 신화를 통해서 말한다. 창조를 담당한 창조의 신, 바다를 담당한 바다의 신, 재물을 담당한 신,

사랑과 욕망의 신, 전쟁의 신, 지옥의 신 등등 하나님이 하신 모든 일에 자기들의 이름을 올린다.

나보다 먼저 온 자

신화는 놀랍도록 성경과 일치하여 성경이 신화를 차용했다고 주장한다. 신화가 하나님께서 모세를 통해 쓰신 토라보다 1500년이 앞섰기에 믿음이 없는 사람은 속아 넘어가기 십상이다. 예수님은 사탄과 귀신에 대해 분명히 말씀하셨다.

"나보다 먼저 온 자는 다 절도요 강도니 양들이 듣지 아니하였느니라"(요 10:8).

절도와 강도는 예수님보다 먼저 땅에 내려와서 주인 행세를 하는 사탄과 귀신들을 말하는 것이다. 내가 캄보디아에 갔을 때도 이미 각종 귀신들이 모든 영역을 점령하여 주인 행세를 하고 있었다.

나는 선교 초창기에 사탄과 귀신들을 추상적으로 인식하고 현실에서 실체를 애써 무시하였다. 캄보디아의 종교와 충돌하지 않으려고 애썼고, 이 나라 귀신들의 눈을 피해서 사역하는 어리석음을 범했다. 이렇게 5년 사역을 했을 때 아무 결실이 없어 절망했었다. 밤에 누워서 천장을 바라보니 눈물이 주르르 흘러내렸다. 그때는 선교가 왜 안 되는지 이유를 몰랐었다.

여리고 성을 점령하지 않고 가나안을 정복할 수 없고, 강한 자를 결박하지 않고 그 집을 강탈 수 없는 것이다.(마 12:29) 그런데 나는 거꾸로 선교하였던 것이다. 여리고 성을 우회하고, 강한 자를 피해서 교회를 먼저 건축하고 선교했으니 선교의 외형은 있으나 속 빈 강정 같은 사역이 되었다.

말씀을 행하는 제자의 복

몇 년 전 스누얼교회 '망리행' 목회자가 전도를 하고 성도 집에 있는 불상을 태우는 것을 보고 감동을 받았다. 그 형제는 말씀에서 배운 대로 실천하며 성도를 설득하여 대대로 섬겨오던 불상 사진을 태우는 결단을 행했다. 그 형제는 학벌이 짧고 단순하였지만 교회는 빠르고 힘 있게 성장해 갔다. 3년 만에 한 교회를 더 개척하여 두 교회를 담당하더니, 지금은 그 지역에 중심지 교회 목회자가 소천하여 이 교회까지 세 교회를 담당하고 있다.

어찌 선교만 그렇겠는가? 우리의 삶과 사업과 모든 영역에서 마귀를 제압하고 여리고 성을 허물지 못하면 결국 마귀에게 좋은 일 시키는 것이 된다. 마귀는 처음에는 사람들이 잘 나가도록 방관하지만 높은 곳에 도달했을 때에 밀어버린다. 귀신의 도움으로 성공하면 끝에 가서는 추락한다. 말씀을 이루는 사역이 안 되면 모든 일은 결론적으로 실패로 끝난다.

운이 없어서, 경기가 안 좋아서, 자금이 부족해서, 거래처가 배신해서… 실패한 것이 아니다. 마귀와 귀신이 주인 행세를 하고 있는데, 그들을 점령하지 못해서 실패한 것이다. 나는 세속적 성공이 절망과 실패로 끝나는 수많은 사례를 선교를 통해 배웠다.

마귀와 귀신의 존재를 뼈저리게 깨달아야 한다. 우리 안에 있는 절도와 강도를 잡아내어 인생의 혼란과 혼돈과 어둠을 끝내야 한다. 마귀를 몰아내고 말씀과 성령으로 우리 자신을 채우면 참 성공과 참 승리는 당연히 따라온다.

선교의 성공

선교지에 오면 먼저 언어 배우는 데 집중하며 2년을 보내게 된다. 어느 선교사는 "내가 언어만 잘하게 되면 내 선교는 대성공할 것이다"라고 한다. 언어가 중요하지만 그렇게 되지 않는 것이 선교이다. 선교지에서 언어를 배우면서 2년간 여리고 성을 무너뜨리는 간절한 기도의 영성을 채우면 그 이후 선교가 잘 될 것이다. 이것이 없이 여리고 성 위에 복음의 집을 지으면 선교는 승리할 수 없다.

우리의 삶도 선교와 다르지 않다. 성도들은 시시각각 사탄과 귀신들의 공격을 받는다는 것을 알아야 한다. 창세기 시작할 때 내려온 사탄과 귀신들은 아담과 하와 주변을 맴돌며 유혹하였듯이 우리에게도 예외가 아니다. 사탄과 마귀를 제압하는 것이 인생을 성공시키는 것이다.

베드로 사도는 근신하고 깨어 있으라고 한다. 대적 마귀가 우는 사자 같이 두루 다니며 삼킬 자를 찾기 때문이다.(벧전 5:8) 깨어 있으면 내 주변에 귀신이 도사리고 있는 것을 볼 수 있다.

재물을 따라가는 사람은 맘몬을 따라가는 사람이다. 맘몬은 재물이자 재물 신의 이름이다. 맘몬 귀신이 재물을 벌게 하지 않는다. 사람들을 재물에 눈이 멀게 하여 결국 망하게 하는 것이 맘몬 신의 일이다.

육체의 사랑에 빠진 사람은 에로스와 한 몸인 것을 알아야 한다. 에로스는 사랑이지만, 이 사랑은 육체적 사랑인 음행이다. 음행의 여신 이름이 에로스이다. 에로스는 육체의 향락을 통해서 사람을 파멸에 이르게 하는 여신의 이름이다.

음행에 빠져 일생동안 쌓아 올린 모든 명예가 한순간에 무너지고 가정이 파탄되는 사람들을 많이 본다. 이것은 그들이 에로스 귀신과 연합하여 한 몸이 되었으니 당연한 결과이다.

귀신의 존재를 무시하지 말라

귀신의 존재를 무시하면 말씀이 세워지지 못한다. 귀신이 가장 좋아하는 것은 귀신의 존재를 믿지 않는 사람이다. 마치 사기꾼과 같이 동업하면서 그 동업자가 사기꾼임을 믿지 않고 자기를 도와주는 좋은 사람이라고 믿는다면 사기꾼이 얼마나 좋아할까?

우리가 복음을 받아들이기 전에 사탄과 귀신들은 먼저 와서 자신과 가정을 온통 점령하고 있었다. 이것은 내가 복음을 전하는 캄보디아의 현실이기도 하다. 그래서 예수님이 복음을 전할 때 귀신을 쫓아내는 권능을 주셨다.

"예수께서 그의 열두 제자를 부르사 더러운 귀신을 쫓아내며 모든 병과 모든 약한 것을 고치는 권능을 주시니라"(마 10:1).

귀신을 쫓는 것은 주님의 열두 제자처럼 특별한 사람이 하는 것이 아니다. 모든 성도가 해야 할 것을 이와 같이 명령하신 것이다. 말씀에 순종하여 우리 가정을 위해 기도하면 얼마 되지 않아서 귀신들은 가정에서 소리를 지르며 나갈 것이다.

귀신을 쫓는 것은 성도의 사역이고, 이 사역을 쉬지 않고 하면 결국 병이 치료되고, 죽은 자가 살아나고, 문둥병이 깨끗해지고 복음은 크게 확장될 것이다.(마 10:8)

 ⚠ 1997년 캄보디아 내전으로 불탄 프놈펜교회

1997년 7월 캄보디아 내전으로 교회 건물이 불탔다. 그러나 성도들이 한 명도 흩어지지 않았고 우리는 불탄 재 위에서 예배하며 이 땅의 평화를 위해 기도했다.

정의와 공의

◆ ◆ ◆

어느 친한 선교사가 하는 말이
"선교 10년이 넘었는데 황 선교사는 교회 하나도 없다."
'건축된 멋진 교회가 없다'는 것이다. 이 말을 듣고
나는 제대로 선교하고 있구나 하는 자부심이 들었다.
프놈펜 교회는 선교 14년 만에 건축되었다.
무슨 배짱인지 성도들은 $1도 헌금하지 못하는데
현지인의 헌금 없이, 외국 교회의 선교헌금만으로
교회를 세우지 않겠다고 선언했다.
이런 고집으로 선교를 하는데, 날로 땅값은 오르고
성도는 많아져 그 지역에 임대할 건물이 더는 없었다.
어쩔 수 없이 후원금으로 땅을 샀고,
7000달러로 교회 건축을 시작했다.
헌금이 끊어지지 않도록 기도했더니
필요할 때마다 한 번도 경비가 끊어지지 않았다.
결산해 보니 현지 성도들도 만 불 가량 헌금을 했다.
이렇게 세워진 교회가 오늘날 프놈펜교회로
모든 제자교회의 모교회 역할을 하는 교회가 되었다.

정의와 공의

의(정의)와 공의가 주의 보좌의 기초라
인자함과 진실함이 주 앞에 있나이다 _시 89:14

프놈펜에 첫 번째 교회를 건축할 때 일이다. 그때 캄보디아에서 건축은 허가도, 설계도도 필요 없었다. 기초공사로 파일을 박고 기둥을 세우고 벽돌을 쌓아 올리면 되었다. 이렇게 4층을 올리고 나니 한 층을 더 올리고 싶었다. 그때 현지인 전도사가 기초공사를 잘했어도 땅이 물러서 위험할 수 있다고 말렸다. 그의 말을 들을 수밖에 없었다.

선교의 기초석

그때 생각하길 선교에서 무엇을 기초로 삼을 때 안전할 수 있을까를 생각했다. 사실 이것은 선교 초기부터 깊이 생각했고 외국 선교사의 지원 없이 자립 성장하는 한국교회를 모델로 선교를 시작했다.

분명한 것은 교회건축이 선교의 기초가 될 수 없었다. 캄보디아는 외국인의 이름으로 부동산을 구입할 수 없다. 이 문제로 선교의 많은 문제가 발생한다. 여러 선교사의 질문 가운데 하나가 "누구 이름으로 땅을 샀고, 건축했나?"이었다.

현지 제자나 성도 이름으로 부지를 구매해서 교회를 짓는데, 잘못하여 분쟁이 일어나고 빼앗기는 경우도 종종 있다. 후원 교회와 성도들의 헌금과 기도로 선교지 교회를 지었는데 이런 불상사가 일어나는 것을 보면 참으로 안타깝다.

정의와 공의

믿음의 기초석에 대한 성경의 선언은 분명하다. 정의와 공의가 주의 보좌의 기초라고 했다. 그러므로 정의와 공의가 성경에서 가장 중요한 단어가 될 것이다. 이깃이 흔들리면 주의 보좌가 무너지고, 성경이 무너지고 교회와 믿음도 무너지는 것이다. 이렇게 중요한 단어인 정의와 공의는 하나님 보좌의 기초이기 때문에 누구든지 이해되어야 하고, 추상적이거나 난해하면 안 된다.

『정의란 무엇인가』의 저자 하버드대 교수 '마이클 샌델'의 책은 매우 두껍다. 읽어도 이해가 쉽지 않다. 이렇게 어려운 정의를 어떻게 모든 사람이 행해서 구원을 받을 수 있을까?

하나님께서 아브라함을 불러내어 복을 받게 한 것이 여호와의 도를 지켜 정의와 공도를 행하게 하려고 그를 택하였다고 하였다.(창 18:19) 다윗은 이스라엘을 다스리는데 백성에게 정의와 공의를 행했다고 했다.(삼하 8:15) 그러므로 믿음의 후손인 성도들은 반드시 정의와 공의를 행해야 한다. 이것이 아니면 하나님의 보좌를 세울 수 없게 된다.

히브리어 "미쉬파트"를 우리 성경에서는 '정의' 또는 '의'라고 번역했다. "쩨데카"는 우리 성경에서 '공의', '공도'라고 번역하였다. "미쉬파트(정의)"는 법정에서 심판할 때 사용하는 법정 용어로 '무죄선언'이다. 하나님의 법정에서 십자가에서 죽으신 예수님을 믿는 사람에게 "무죄선언"하여 "의롭다"라고 인정하는 것이 정의이다. 그러므로 '정의'는 예수님이 십자가에서 죽으심을 믿을 때 나오는 '구원의 의'인 것이다.

주로 '공의'라고 번역되는 "쩨데카"는 "의롭게 행함"이라는 "행함의 의"이다. "정의를 행하다"라는 동사에서 온 명사이다. 그러므로 정의는 예수님을 믿는 의이고, 공의는 말씀을 행하는 의가 된다.

야고보의 행함

야고보가 행함을 강조하는 것은 착한 일을 행하라는 것이 아니고, 말씀을 행하라는 것이다. 흔히 바울은 믿음을, 야고보는 행함을 강조한다고 한다. 이것은 공의의 뜻을 알지 못한 전혀 잘못된 해석이다.

야고보서의 서론 1장에서는 말씀을 행할 것을 강조한다.(약 1:22) 본론에 가서는 말씀을 생략하고 행함만 말한다. 말씀을 반복하지 않아도 행함은 앞에 말씀이 생략된 것을 알기 때문이다.

"이와 같이 행함이 없는 믿음은 그 자체가 죽은 것이라"(약 2:17)에서 "행함이 없는 믿음"은 "말씀을 행함이 없는 믿음"이다. 구원의 믿음만 갖고 말씀의 행함이 없으면 반드시 무너지는 것이다.

선교지에서 예수님을 믿는 사람은 많다. 캄보디아와 같이 다신교 나라에서는 새로운 종교를 받아들이는 것이 어렵지 않다. 그들이 믿는 많은 신들에게 새로운 신 예수를 첨가하는 것은 어려운 것이 아니기 때문이다. 가정에서는 신줏단지에 분향하며 복을 빌고, 주일에는 교회에 와서 예수를 믿는다. 불교의 신도 믿고, 예수님도 믿으면 양쪽에서 더 많은 복이 오지 않겠느냐는 것이다. 예수를 영접했으면서도 주님의 계명을 지켜 행하는 것은 없는 것이다.

이스라엘 백성들도 출애굽한 믿음은 갖고 있었지만, 광야에서 토라의 말씀을 따라 변화되지 못했다. 여전히 애굽의 사상과 애굽의 방법과 관습에 따라 금송아지 상을 조각하여 야웨 하나님의 이름을 붙였다. 그 결과 그들은 모두 광야에서 엎드러졌던 것이다.

예수님을 믿는 성도는 두 가지 의가 있어야 한다. 그 의가 정의와 공의이다. 이 말은 어려운 말이 아니고, 믿는 자에게는 매우 쉬운 단어이다. 예수 믿고 구원받은 의가 정의이고, 믿고 말씀을 이루어가는 의가 공의이다. 이 두 의가 없으면 누구도 믿음을 세울 수 없고 하나님의 보좌 앞에 설 수 없다.

예수님은 "너희 의가 서기관과 바리새인보다 더 낫지 못하면 결코 천국에 들어가지 못하리라"하셨다.(마 5:20) 이 말씀은 서기관이나 바리새인의 의가 매우 수준 높은 것을 뜻하지 않는다. 그들은 하나님을 믿는 의는 있었지만, 말씀을 행하는 의는 부족했던 것이다. 이러한 의로는 하나님 앞에는 설 수 없는 것이다.

정의와 공의가 있는 선교

선교는 단기선교나 교회건축이 아니고, 정의와 공의를 세우는 거룩한 보좌를 세우는 사역이다. 믿음과 말씀의 행함이 세워지면 아무리 어려운 지역일지라도 선교지 교회가 자립, 자전, 자치할 수 있는 것이다. 이것이 아니면 아무리 높고 화려한 교회를 건축했다고 해도 아무 의미가 없는 것이다.

예수 믿고 처절한 광야의 훈련을 하지 않으면 안 된다. 말씀을 양식으로 삼아야 한다. 말씀이면 행하고, 말씀이 아니면 행하지 않아야 한다. 기도는 말씀을 이루기 위해 하는 것이다. 내 뜻을 이루기 위한 기도는 하나님께서 받으시지 않는다. 말씀 앞에서 나 자신은 죽어 말씀이 세워져야 한다.

예수님은 겟세마네 동산에서 온 밤을 말씀을 이루기 위해 기도하셨고 십자가에서 죽으셨다. 십자가 위에서 마지막 말씀이 "다 이루었다"이다. 하나님의 말씀을 모두 이루었다는 것이다. 그래서 예수님은 공의의 하나님이시다.

선교는 우리의 인생이 어떤 인생이 되어야 하는가를 보여준다. 우리 인생이 외적으로 높고 화려할지라도 정의와 공의가 없는 사람은 아무 의미가 없고, 하나님의 보좌 앞에 설 수 없으며, 실패한 인생이 될 것이다. 예수님을 믿는 정의가 있고, 말씀 행함의 공의가 있으면 주님의 보좌 위에 인생을 잘 세운 성도가 된다.

부르심과 택하심

◆ ◆ ◆

프놈펜에 첫 교회 개척할 때
수많은 사람이 몰려들었다.
그때의 감동은 잊을 수 없다.
그날 당장 선교보고를 했다.
"캄보디아는 복음의 황금어장입니다!
이곳을 도와주세요!"
인터넷도 없던 시대라 호텔에 가서
비싼 요금 내고 국제 팩스로 보냈다.

30년이 지난 지금 보니
남아 있는 사람은 단 한 명이다.
그 작은 꼬맹이가 사모가 되어
남편을 도와 목회를 하고 있다.
부름 받은 자는 많았는데,
택함 받은 사람이 이렇게 적을 수가….

부르심과 택하심

청함을 받은 자는 많되 택함을 입은 자는 적으니라 _마 22:14

1996년 설날에 첫 교회를 개척했다. 사람들이 예배당을 가득 채웠고, 마당까지 사람들로 가득했다. 나는 놀라지 않을 수 없었고 환호했다. 이런 현상은 한 달 동안 계속되었다. 그러다가 사람들은 떠나기 시작했고, 마지막에는 소수의 몇 사람들만 남았다.

이때 캄보디아의 사회적 상황은 먹을 것 없고, 직업이 없었던 시대였다. 공산주의와 폴포트 학정, 전쟁과 오랜 내전으로 어디에도 희망이 없었고, 먹을 것이 없었다.

배고픈 사람에게는 먹여주는 것만큼 좋은 선교가 없을 것이다. 배고파서 온 사람들에게 무슨 말씀을 전해도 들리지 않겠지만, 반찬 없는 밥이라도 그들에게는 그것이 복음이었다.

처음에는 우리 교회도 정기적인 구제를 하였다. 평소에는 사람이 없다가도 구제가 있는 때는 많은 사람이 몰려왔다. 이것이 싫어서 나중에는 주님이 가르쳐 주신 대로 오른손이 하는 것을 왼손이 모르게 은밀히 구제를 했다. 그런데 어떻게 알았는지 사람들이 엄청나게 많이 온다. 지원을 받았으면 믿음을 가져주면 좋을 텐데 그렇지 못한 것이 사람이다. 교회가 밀물과 썰물이 주기적으로 반복되니 경험이 없는 선교 초짜인 내게는 여간 스트레스가 아니었다.

부름 받음

어디든지 부름 받아 예수님을 믿는 자들이 많다. 부름 받음은 어린 양의 피로 출애굽된 것이고, 출애굽은 죄악의 세상으로부터 불려낸 것이므로, 예수님의 십자가로 구원받은 엄청난 사건이다.

이스라엘 백성들이 모두 출애굽되어 불려 나왔다. 그런데 출애굽이 다 끝난 것이 아니다. 광야를 통과하여 젖과 꿀이 흐르는 가나안에 들어가야 한다. 이는 부름 받아 구원받은 백성이 신부로 택함 받아 예수님의 혼인잔치에 들어가야 하는 것을 의미한다.

예수님은 "청함을 받은 자는 많되 택함을 입은 자는 적으니라" 하셨다.(마 22:14) 청함 받은 많은 사람 가운데 바깥 어두운 데에 내던져 슬피 울며 이를 가는 사람들이 있다. 청함을 받았다는 것은 부름을 받았다는 것인데, 부름 받음에서 멈추어 택함을 받지 못하면 쫓겨나는 것이다.

성도는 부름 받음의 의미를 잊어서는 안 된다. 성도는 신부로 부름 받은 것이지 하객으로 부름 받은 것이 아니다. 신부로 부름 받은 사람은 열심히 준비하여 예복을 입고 신랑 앞에 서야 한다. 하객은 신부가 아니니 예복을 입을 필요가 없다.

예수님의 비유에서 한 임금이 혼인 잔치를 베풀고 혼인 잔치에 청하여 오라고 했더니 각종 핑계를 대고 도망갔다. 다시 종들을 네거리로 나가서 혼인 잔치에 청하였더니 손님들로 가득했다.(마 22:10) 임금은 손님을 부른 것이 아니고 신붓감을 부른 것이었는데 손님들로 가득한 것이다.

임금이 기가 막혀 "어떤 사람을 잡고 왜 예복을 입지 않고 왔느냐고 물으니 유구무언이었다."(마 22:12) 이 말은 "네가 신부인데 왜 예복을 입지 않고 신랑을 맞으러 왔느냐?"는 뜻이다.

혼인 예식에 신부가 예복을 입지 않고 들어가는 것은 있을 수 없는 일이지만 오늘날 얼마나 많은 성도가 자신이 예수님의 신부임을 모르고 손님처럼 신앙 생활하는지 모른다. 성도가 신부로서 입는 예복은 깊은 의미가 있다.

"그에게 빛나고 깨끗한 세마포 옷을 입도록 허락하셨으니 이 세마포 옷은 성도들의 옳은 행실이로다 하더라"(계 19:8).

깨끗한 세마포 옷은 혼인 예복이다. 이 옷은 "성도들의 옳은 행실"이라고 했으니 이 행실은 말씀에서 나오는 행함이다. 세상에서는 아무리 착한 일을 해도 하나님이 보실 때는 옳은 행실이 되지 못한다. 오직 말씀에 순종함으로 나오는 행실이 옳고 거룩한 의이며 이런 신부가 택함을 받는다.

택함 받음

아하수에로 왕이 왕비를 맞이하고자 왕국 전역에 공고하여 아리따운 처녀들을 불러 모았다. 각 도에서 올라온 부름 받은 처녀들은 왕궁에 가득하였고 궁녀를 주관한 관리가 처녀들을 가르쳤다. 각지에서 올라온 처녀들은 자기들이 가져온 고급 향과 장식품을 갖추고 자기들의 생각내로 옷을 입고 왕 앞에 나아간다. 그런데 왕의 신부로 부름 받은 에스더는 어떻게 했을까?

"… 에스더가 차례대로 왕에게 나아갈 때에 궁녀를 주관하는 내시 헤개가 정한 것 외에는 다른 것을 구하지 아니하였으나 모든 보는 자에게 사랑을 받더라"(에 2:15).

궁녀를 주관하는 내시 헤개는 왕의 취향을 너무도 잘 아는 고급 관리이다. 에스더는 "헤개가 정한 것 외에는 다른 것을 구하지 아니하였다"는 것은 참으로 의미심장한 말씀이다.

부름 받은 성도는 오직 성경에 기록된 하나님 말씀 외에는 다른 것을 구하지 않는다. 그때 신랑 되신 예수님으로부터 사랑받아 택함 받게 된다. 말씀 외에 다른 것을 추가하여 구하고, 말씀에 섞으면 그것은 다른 말씀, 다른 복음이 된다. 성도는 하나님 말씀에 정한 것 외에 다른 것을 따라가면 부름 받았으나 택함 받을 수 없는 것이다.

우리의 신랑 예수님은 오직 말씀만 따라가며 지켜 행하는 사람을 택하신다. 그러므로 베드로 사도는 성도가 "부르심과 택하심을 굳게 하라"라고 강조한다.(벧후 1:10) 택하심만 중요한 것이 아니고, 부르심도 동일하게 중요한 것이다. 부름이 없으면 택함도 없기 때문이다.

예수님께 부름 받음이 얼마나 귀한 것인지 알지 못하는 성도가 많다. 교회가 헬라어로 에클레시아 ekklesia인데, 하나님께서 '만민 중에서 불러 모은 거룩한 무리'라는 것이다. 이것을 위해 하나님이 육의 몸을 입고 땅에 내려와 죽으셨으니, 그것이 예수님의 피로 구원하신 불러냄이다.

왜 하나님께서 이스라엘 백성들을 출애굽 시켰을까? 가나안에 들어가서 잘 먹고 잘 살게 하려고 하는 것일까? 하나님이 성도를 부르심은 한 세상 잘 사는 것에 있는 것이 아니다. 하나님의 아들과 혼인시키고자 함이다. 성도들은 예수님의 신부로 부름 받은 것이다.

신의 성품

그러므로 성도는 부름에서 멈추면 안 되고, 애굽의 세속적 성품에서 벗어나 하나님의 성품으로 바뀌어야 한다.

"믿음에 덕을, 덕에 지식을, 지식에 절제를, 절제에 인내를, 인내에 경건을, 경건에 형제 우애를, 형제 우애에 사랑을 더하라"고 하셨다.(벧후 1:5-7)

이 말씀을 원어의 뜻을 살려 다시 말하면, 예수님을 믿는 믿음에서 시작하여, 남자처럼 용감하게 세상에 대항하고(이것이 고대의 덕이다), 향방 없이 달리지 않고 말씀의 지식을 따라 경주하고, 말씀으로 자기 통제하고, 천국을 바라봄으로 기쁨으로 참고, 거룩하며, 이웃 사랑하고, 하나님을 사랑하라는 것이다. 이것을 신의 성품이라고 한다.

우리가 예수님 하고 동일한 신의 성품을 가지려면 이런 과정을 밟아야 한다. 이와 같이 신부로 부름 받은 성도는 말씀으로 애굽의 사고방식을 온전히 씻어내야 한다. 애굽의 성품으로 예수님과 결혼할 수는 없는 것이다.

"말씀을 지키다"에서 "지키다"는 "가시로 둘레를 치다"는 의미이다. 하나님의 말씀으로 자신을 둘레 쳐서 세상의 이론이 들어오는 것을 막아야 한다. 세상과 섞이면 거룩함이 없어지고 버림받는 것이다. 말씀으로 성도가 깨끗하게 되고 거룩해진다.(엡 5:26)

유럽에 빈 교회가 많아 처치 곤란하다는 경멸적인 말을 들었다. 종교가 기독교인 유럽 여러 나라에 왜 빈 교회가 많은가? 이것은 말씀을 행하지 않는 세속화된 교인들 때문이다. 남의 일이 아니다. 우리나라 교회와 성도도 날로 세속화되어 가고 있기 때문이다. 부름 받음에서 멈춘 성도가 얼마나 많은가? 부름에서 택함으로 이어지지 않으면 예수님을 믿는 것이 아니다.

정의와 공의

부름 받음은 구원의 의이고, 어려운 말로 정의라고 한다. 이것은 히브리어로 '미쉬파트'로 법정에서 선언하는 것이다. 당신의 모든 죄가 사해졌다고 선언한 죄 사함의 의가 정의이다.

택함 받음은 말씀 행함의 의이고, 어려운 말로 공의이다. 공의는 '쩨데카'로 행함의 의를 말한다. 말씀을 행함에서 나오는 하나님의 의가 공의이다.

  부름 받음에서 구원이 나오고, 구원받은 성도가 말씀을 행함으로 택함의 의가 나온다. 이 의가 있는 성도가 예수님의 신부로 택함 받게 된다. 주님의 신부로 택함 받은 성도가 공중 혼인잔치에 참여하게 되는 것이다. 대환난 때에 택함 받은 신부는 최악의 환난의 때는 감해지고 환란의 중간에 영화로운 공중 혼인 잔치에 올라가게 되는 것이다.(계 11:12)

  지금은 부름 받음에서 택함 받음으로 가야 한다. 하나님이 부른 사람은 많지만, 택함 받은 자는 적다고 하셨다. 단순히 형식적으로 예수 믿는 사람이 되면 안 된다. 성도는 깨어 있어 말씀을 양식으로 삼아, 말씀으로 살아야 택함 받은 신부가 된다.

천국의 시작

◆ ◆ ◆

탁하고 더러운 녹조가 가득한 연못이지만
하늘을 향해 바라보고 하늘을 품었다.
더러운 것은 온데간데없고
아름다운 하늘이 가득 들어왔다.

나 같은 죄인이
천국을 바라보고 천국을 품었다.
천국이 내 안에 들어왔다.
캄보디아에도 천국이 들어왔다.

천국의 시작

이 때부터 예수께서 비로소 전파하여 이르시되
회개하라 천국이 가까이 왔느니라 하시더라 _마 4:17

캄보디아는 불교국가이다. 불교가 전파되면서부터 믿어왔으니 족히 2500년은 되었을 것이다. 불교국가의 특징은 현세는 중요하지 않고 죽어서 가는 극락만 믿는다. 현세에서는 어떻게 살아도 괜찮다.

이러한 사고방식은 교회 성도들에게도 나타난다. 그들이 생각하는 천국은 죽어서 가는 곳이다. 예수 믿고 천국 가자고 전도한다면 죽어봐야 안다는 식이다. 천국은 죽어서 가는 것일까? 나는 천국을 원어에서 찾아보고 깜짝 놀랐다.

천국은 통치개념

천국은 헬라어로 "바실레이아"인데 "통치, 왕권"이라는 뜻이다. '장소개념'이 아니고, '통치개념'이다. 하늘 왕의 통치를 받는 곳이 천국이라는 것이다. 우리 왕 예수님의 통치를 받는 곳이 천국이다.

천국은 마태복음 3장 2절에서 침례 요한이 외친 "회개하라 천국이 가까이 왔다"에서 처음 천국이 나타난다. 이제 예수님이 오셨으니 천국이 왔다는 것이다. 예수님이 오시기 전에 세상은 신화의 귀신으로 가득했다. 백성들은 그 신들을 섬기며 운명적으로 모든 것을 체념하고 살면서 다음 윤회를 기다리는 것이다. 이것은 바벨론 신화의 운명론으로 마귀가 통치하는 도구이다.

예수님은 이런 마귀의 통치에 대해 천국의 통치를 선포하신 것이다. 천국이 장소개념이라면 예수님이 천국과 같은 낙원을 믿음이 성도에게 안겨줄 수 있을 것이다. 그러나 천국은 말씀으로 통치를 받아 마귀의 통치를 벗어나고, 말씀 천국을 이루는 것이다.

천국의 문

예수님이 "양의 문"이라고 하신 것은 천국의 문이라는 것이다. 이는 천국이 땅에서부터 시작된다는 의미이다. 절대로 죽어서 들어가는 곳이 천국이 아닌 것이다. 천국의 문이 천국에 있다면 죽어서 천국에 들어갈 것이다. 그러나 이 땅에서 천국으로 들어가지 못하는 사람은 죽어 천국에 들어갈 수 없는 것이다.

이스라엘 백성들은 출애굽했어도 천국이 시작되지 못했다. 엄청난 기적으로 출애굽하여 홍해를 가르고 광야에 들어왔지만, 그들은 아직 천국의 문에 들어가지 못하고 입구에서 뱅뱅 돌았던 것 같다.

그들은 광야에서 말씀을 받았지만, 말씀의 통치를 받지 않았다. 여전히 사고방식은 애굽의 삶이었다. 항상 먹고사는 것으로 원망 불평이고, 마지막에는 금송아지 우상을 만들고 애굽으로 돌아가려고 했다. 그들의 몸은 출애굽했지만 머리와 마음은 여전히 세상 신들의 통치를 받으며 살았던 것이다. 항상 천국의 입구에서 미끄러지는 삶을 살았던 것이다.

많은 사람들이 예수님을 믿으면서도 천국에 들어가지 못한다. 성경은 우리에게 분명하게 그 이유를 가르쳐 준다. 말씀으로 지배를 받지 못하면 하나님의 통치를 거부하는 것이다. 말씀 통치를 거부하는데 어떻게 약속의 말씀이 이루질 수 있겠는가?

예수님을 사랑하는 자는 하나님을 알기 위해 말씀을 항상 읽으며 지켜 행해야 한다. 선교지에서 성도들에게 매일 4장을 읽게 했더니 믿음이 놀랍게 성장하는 것을 보았다. 이렇게 10년을 믿으면 구약성경을 10독, 신약성경은 20독을 읽게 된다.

성경은 읽을수록 깨달아지고, 읽을수록 믿음이 생기고, 읽을수록 하나님을 사랑하게 된다. 주님의 계명을 벗어나는 것은 하나님을 사랑하는 것이 아니다.

"하나님을 사랑하는 것은 이것이니 우리가 그의 계명들을 지키는 것이라…"(요일 5:3).

예수님을 사랑하는 것은 주님의 계명을 지키는 것이다. 계명을 지키지 않고 주님을 사랑할 수 없고, 천국을 시작할 수 없다. 그러므로 성도는 주님의 계명을 읽고 지켜야 하나님을 사랑하고 천국문으로 들어가는 것이다.

지켜야 할 계명

예수님은 어떤 계명을 지켜야 하는지 질문하는 부자 청년에게 십계명의 말씀을 말씀하셨다.(마 19:17-21) 구약에서 가장 중요한 말씀이 하나님께서 직접 주신 십계명이다. 예수님이 다시 확인하셨으니 반드시 지켜야 하는 계명이다. 이 말씀을 피해 가며 하나님을 사랑한다고 할 수 없다.

신약에서 예수님이 직접 주신 계명이 있는데 산상수훈이다. 산상수훈 안에 천국이 있고, 주기도문도 있고, 사역하는 방법이 있고, 하나님의 택함이 있고, 천국이 있다.

산상수훈은 하나님 나라의 헌법과 같아서 산상수훈을 지키지 않고 다른 계명의 말씀만 지키면 산상수훈과 충돌한다. 산상수훈을 잘 지키면 다른 계명도 자동으로 실천하는 것이 된다. 말씀의 통치를 받으면 말씀의 기적이 일어나기 때문에 무엇이든지 도전하는 믿음으로 충만하게 된다.

천국에 들어가면 당연히 병이 치료되고, 죽은 자가 살아나고, 나병이 깨끗이 되고, 귀신이 쫓겨나간다.(마 10:7,8) 그러므로 주님께서 이것을 명령하셨던 것이다. 세상 신들의 저주 속에서 사는 것은 천국이 아닌 것이다.

약속의 말씀

선교지에서 참으로 안타까운 것은 말씀을 지켜 살지 않으면서 기적을 달라고 기도하는 성도들이다. 기적을 위해 기도를 하지만 기적은 일어나지 않는다. 이런 일이 계속되면 실망하고 믿음의 성장은 멈추고 원망 불평의 광야가 된다.

성도들 가운데 많은 사람들이 예수님을 영접할 때 기적이 일어난다. 마치 출애굽 전에 모세에 의해 바로 왕 앞에서 많은 기적이 일어났고, 홍해가 갈라지듯이 예수님을 믿을 때 기적을 체험하고 성령을 받는 경우가 많다.

이제 출애굽되어 구원받았고 광야에 들어왔으면 말씀을 통해서 스스로 기적을 창출해 내는 성도가 되어야 한다. 광야에서는 말씀을 받아야 하고 말씀을 적용하여 살아야 한다. 단단한 양식도 먹으며 성장하는 어른이 되어야 한다.

그러나 밥은 먹지 못하고 여전히 젖만 먹는 어린아이 신앙으로 살아가는 사람이 많다.(고전 3:2) 이런 유아적 믿음으로는 아무 역사가 일어나지 않는다. 유아적 신앙은 스스로 자립하지 못한 신앙으로 천국의 문턱을 넘지 못한 신앙이다.

이런 믿음 생활은 걸림돌에 미끄러지고 원망 불평이 계속되고 급기야는 하나님께 원인을 돌려서 하나님의 진노를 사게 된다. 하나님께서 문제를 해결할 방책을 주시지 않아서 원망 불평 한다면 몰라도 모든 것을 해결할 약속의 말씀을 이미 주셨다. 그런데도 스스로 그것을 사용하지 않고 매번 넘어지니 하나님도 답답해하시다가 진노하시는 것이다.

예수님을 믿었으면 속히 말씀의 통치를 받아 천국 문에 들어가야 한다. 예수님의 통치를 직접 받으면 기적은 일상의 삶이 되는 것이다. 천국 밖에서 기적을 달라는 것은 참으로 어리석은 것이다. 천국 안에서는 저주가 없고 병이 없고 가난이 없고 황금은 도로포장 재료로 쓰인다. 천국 밖에서 살기 때문에 천국 도로에 지천한 황금을 얻으려고 고생하며 기도하고 기도해도 얻지 못하는 것이다.

천국에서 살면 하나님께서 어떤 말씀으로 은혜를 주실까 기대되고 흥분되는 기쁨이 있다. 하나님께서 삼층천 위 천국으로 들어가 복을 받으라고 하는 것이 아니고, 땅에 있는 천국의 문으로 들어가라고 하니, 천국 가기가 얼마나 쉬운가? 침례 요한 이후 천국은 침노를 당한다고 했는데 구만리장천 공중에 천국이 있다면 어떻게 땅에 있는 사람이 천국을 침노하여 들어갈 수 있겠는가?

땅에 있는 천국 문으로 들어가면 세상에서 육의 삶이 끝나고 깨어날 때 하나님이 계신 아름다운 천국에 와 있게 될 것이다. 그곳은 그렇게도 바라던 공간개념의 천국이 될 것이다.

계시록 22장에 보면 천국은 말할 수 없는 낙원과 같고, 범죄하기 전 에덴 동산과 같다. 어린 양의 보좌에서 흘러 나는 수정과 같은 생명수 강과 좌우편에 생명나무가 있고, 달마다 열매를 낸다.

그곳에서 영생하는 것이다. 이를 위해 철저하게 하나님 말씀으로 다스림 받아 세상에서 천국을 시작해야 한다. 예수님은 하나님의 말씀에 철저히 순종하셨고, 마지막에는 십자가에 못

박혀 죽기까지 순종하셨다. 우리에게 천국의 문을 열어주시기 위해서였다.

말씀에 대한 순종이 없는데도 기적이 일어나고 잘되는 것은 마귀의 유혹이다. 말씀 밖에서 성공하는 것은 결국은 마귀의 함정에 빠지는 것이다.

오직 말씀으로 통치받는 성도는 세상에서 천국을 누리고 하나님의 영광이 된다. 우리가 세상에서 하늘 천국을 품으면 천국이 말씀을 통해 우리 안에 들어오고 천국의 삶이 시작된다.

생명나무와 선악과

◆ ◆ ◆

한국 교통법규에 익숙한 나는
캄보디아에서 교통법규를 가장 잘 지키는 모범생이었다.
역주행하던 오토바이를 피하려다 넘어져
사고가 나기 전에는 그랬다.
그때는 교통법규가 없어서 역주행이나
아무 곳에서도 유턴이 가능했다.
법과 규칙은 나라마다 시대마다 종교마다 다르다.

그러나 진리는 그렇지 않아야 한다.
죽느냐 사느냐 생명에 관한 문제가 진리이다.
하나님이 세우신 진리를 따라 살면 생명이고
마귀가 주는 이론으로 살면 죽음이다.

생명나무와 선악과

여호와 하나님이 그 땅에서 보기에 아름답고
먹기에 좋은 나무가 나게 하시니 동산 가운데에는
생명 나무와 선악을 알게 하는 나무도 있더라 _창 2:9

세계가 마찬가지이지만 캄보디아도 마약으로 몸살을 앓고 있다. 마약으로 가정에서도 포기하여 노숙하는 사람들이 많다. 새벽 예배하러 갈 때면 노숙하는 청년을 만난다. 상의가 없고 차가운 땅에서 잠을 자는데도 멀쩡한 것이 이상하다. 불쌍해서 음식을 주어도 싫다고 하고 돈만 달라고 한다.

마약 중에 펜타닐이 가장 중독성이 강하다. 일반 마약보다 백배나 강하여 한 번만 먹어도 중독된다고 한다. 그런데 펜타닐보다 더 중독성이 강하고 스스로 나올 수 없는 마약이 선악과이다. 선악과는 끊을 수도 없고 종착역은 죽음이다.

반대로 생명나무는 생명이지만 중독성이 없어 생명을 얻고도 다시 타락하는 예가 허다하다. 하나님이 사람을 지으시고, 하나님의 영을 넣어서 생령이 되었다는 것은 영원히 살게 하시고자 함이다.

창세기의 배경

창세기 기록의 배경은 순백한 백지 세상이 아니고 우상숭배로 가득한 세상이었다. 하나님께서 세상을 창조하셨을 때, 벌써 세상이 혼돈하고 공허하고 어둠에 깊이 빠져있었다.(창 1:2) 이때 타락한 천사가 땅에 내려와 사탄이 되어 온 세상을 혼돈과 공허와 어둠 속 깊음에 빠지게 한 것이다.

하늘을 창조하신 하나님은 그것을 견고하게 하시되 혼돈하게 창조하시지 아니하셨다.(사 45:18)

"혼돈, 공허, 흑암"은 원래는 신들의 이름이었다. 그리스 신화에서, 최초의 신은 혼돈의 신 '카오스'이고, 이어서 욕망과 파괴의 신 '에로스', 어둠의 신 '닉스'가 태어난다. 그 신들의 이름이 지금은 보통명사가 되어 혼돈, 공허, 어둠이 되었다.

신화에서 신들이 하는 일은 거의 음행이다. 얼마나 악하고 더러운 음행을 하는지, 부녀지간, 모자지간 결혼하여 다른 신들을 만들어 내고, 동성애도 행한다.

사도 바울이 고린도서에서 고린도 성도들의 음행에 대해 한

탄하는 것을 볼 수 있다. 심지어 아버지의 아내와 음행도 있었는데, 이는 그들이 그리스 신화 속 귀신의 세상에서 살기 때문이다.(고전 5:1)

　신화 속 신들에게는 일말의 도덕적 행위가 없고 음행과 전쟁, 강탈로 가득한데, 헬라인들은 그 신들을 위해 최고의 신전을 지어 바쳤고, 그들의 행위를 따라 행했다. 이 신들의 가르침이 서양 철학과 학문으로 발전하고, 동양으로 가면 종교가 되었다.

　하나님은 이런 세상에 대해 "하나님이 세상을 창조하신 주인이다"라고 단호히 선언하신 것이다.(창 1:1)

　선악과 열매를 먹으면 정녕 죽을 것이니, 선악과는 사탄의 가르침인 것이다. 생명나무를 먹으면 영생할 것이니 생명나무는 예수님이고, 말씀이다.

선악과

　선악과나무는 지식의 나무 tree of knowledge 이다. 초대교회에 니골라 당의 이론이 영지주의인데 헬라어로 '그노시즘'이고, '지식'이라는 뜻이다. "선악을 알게 하는 지식의 나무"가 교회 시대에 나타나는 '영지주의(그노시스)'인 것이다. 영지주의의 지식은 세상 신, 사탄의 가르침이다.

아담이 태어날 때처럼 초대교회가 탄생할 때도 극성을 부리며 훼방하는 이단이 영지주의(그노시즘)이다. 이것은 창세기에 나타난 선악과나무의 다른 이름이다. 사탄은 변신의 귀재로 상황에 따라 다른 모습으로 나타나 유혹한다.

선악과는 아담과 하와에게만 먹여 파괴한 것이 아니다. 아담의 후손들 대대로 선악과로 유혹하여 타락시켜 죽인다. 마지막에는 주님의 피 값으로 세운 교회를 미혹하여 파괴시키는 것이다.

선악과와 문명

사탄은 가인의 후손을 통해 세상 문명을 만들어 내었다. 가인의 이름의 뜻은 놀랍게도 '대장장이'이라는 뜻이다. 그때 벌써 동과 철을 다룰 줄 알았다는 것이다.

가인의 6대손 유발은 "수금과 퉁소를 잡는 모든 자의 조상"이 되어 음악의 조상이 되었다.(창 4:21) 유발의 형제 두발가인은 "구리와 쇠로 여러 가지 기구를 만드는 자"의 조상이 되었다.(창 4:22)

헬라 신화에서 '음악의 신'이 '뮤즈'인데, 영어로 뮤직이 음악이다. 헤파이토스는 광산과 불과 대장상이 신이다. 이러한 고급 기술은 사람이 스스로 개발해 낸 것이 아니다. 타락한 천사가 땅에 내려와 금속제련 기술을 전수하며, 음악을 만들어 사탄을 찬양하는 문명을 만들어 내었던 것이다.

세상 신화가 이름은 달라도 성경과 많은 분야에서 일치한다. 그러므로 고대 신화를 연구하는 학자들은 성경이 신화를 차용했다고 주장한다. 최초의 신화인 수메르 문명이 점토판에 기록된 때가 BC 3000년 경이고, 모세가 출애굽하여 성경을 기록한 때가 BC 1446년이기 때문이다.

예수님은 이들에 대해 단호히 "나보다 먼저 온 자는 다 절도요 강도다"라고 하셨다.(요 10:8) 사탄과 귀신들이 땅에 먼저 와서 사람들의 영혼을 도적질 하고, 강도질한 것이다.

교과서에는 수만 년 전 구석기시대, 신석기시대, 청동기시대, 철기시대가 있었다고 하지만 성경은 아담 시대에 이미 청동기와 철기와 악기를 사용하고 있었다. 가인의 문화와 기술은 급속히 세상에 퍼졌고, 노아는 그 영향으로 철기를 이용하여 거대한 방주를 만들 수 있었다.

창세기 6장에 하나님의 아들들인 천사들이 세상에 내려와서 인간의 딸들을 취해서 네피림들을 낳았는데, 그들은 하나님을 떠나 가인과 그의 후손에서 시작하여 세상을 타락시킨 것이다.

사탄은 지식과 성공과 쾌락과 재물로 사람들을 유혹하니 넘어가지 않을 사람이 없는 것이다. 이것이 선악과의 유혹이고,

이것은 세대를 막론하고 세상에 급속히 전파되었다. 모든 사람이 먹고 타락의 역사를 써 가는 것이다.

영지주의

선악과는 아담의 타락으로 끝내지 않고 영지주의로 변장하여 교회를 타락시켰다. 최초로 나타난 영지주의가 에베소 교회 시대이다.(계 2:6) 예수님은 니골라 당의 행위를 매우 미워하셨고, 에베소 성도들도 그들을 미워했다. 에베소교회 시대는 영지주의를 배척하며 교회에 들어오지 못하게 하는 데 성공하였다. 이어서 서머나 교회 시대도 환난과 궁핍 속에서 영지주의 니골라 당과 싸워 잘 이겨내었다.(계 2:9)

그러나 버가모교회 시대에 갔을 때는 교회가 영지주의에 물들게 된다.(계 2:15) 예수님은 버가모교회를 한탄하시며, 영지주의가 무엇인지 아느냐고 책망하셨다. 그곳은 사탄의 권좌가 있는 곳이고, 발람의 교훈을 지키는 자들이라고 하셨다.(계 2:13,14) 이스라엘이 발람의 교훈에 미혹되어 행음하며 우상의 제물을 먹게 하고, 하나님의 진노를 받아 수많은 사람을 죽게 한 그 영이라는 것이다.

영지주의가 선악과이기 때문에 사람으로 하여금 죽음과 저주를 가져다주는 것이다. 하나님이 만들어 심은 것이 아니고,

타락한 천사가 땅에 내려와 심은 가라지복음인 것이다.

마약은 사람들이 경계하니 잘 넘어가지 않는다. 그런데 사탄의 선악과는 먹음직도 하고 보암직도 하고 지혜롭게 할 만큼 탐스럽기도 한 나무이다.(창 3:6) 사람의 입에 먹음직스럽게, 눈에 보암직한 것으로, 마음에 탐스럽게 포장하여 삼중적으로 유혹한다. 선악과가 재물, 아름다운 연인, 음행, 권력과 명예 이런 것으로 유혹하니 넘어가지 않는 사람이 없는 것이다.

그런데 생명나무인 예수님은 어떤가? 고운 모양도 없고, 풍채도 없고, 흠모할 만한 아름다운 것이 없다.(사 53:2) 선악과나무와 생명나무를 비교할 때 생명나무는 너무 초라해 보인다. 그래서 생명나무를 택하는 사람들은 지극히 드문 것이다.

인문학과 신학의 통합

어느 신학자는 인문학과 신학을 통합하는 것에 대해 말한다. 인문학이 르네상스 이후 그리스에서 나온 학문이고, 그 학문은 헬라의 철학에서 시작되었고, 철학은 그리스 신화에서 나왔다.

어떻게 인문학이 하나님 말씀을 연구하는 신학과 통합이 이루어질 수 있는지 모르겠다. 선악과와 생명나무를 통합할 수 있을까? 빛과 어둠이 통합할 수 있을까?

우리는 둘 중 하나를 택해야 한다. 생명나무를 택할 것인가?

선악과나무를 택할 것인가? 성도들은 생명나무인 말씀만 먹어야 하고, 거기에 선악과의 이론을 섞지 말아야 한다. 그것이 되지 않고 섞어버리면 반드시 죽는 것이다.(창 2:17)

⌃ 프놈펜 순복음교회

여기에서 30년을 보내며 제자들을 전국에 파송하여 교회를 개척하였다. 이제 나는 이곳을 떠나 또 다른 사역을 위해 파송되었다.

지혜와 총명이 있는 자

◆ ◆ ◆

캄보디아 실크는 유명하다.
조상 대대로 내려온 수천 년 된 전통 산업이다.
지식으로 배워 내려온 것이 아니고
경험과 체험으로 이어진 것이다.

복음이 체험적으로 이어지면 끊어지지 않는다.
대대로 지켜져 체험되는 하나님의 말씀은
결코 끊기지 않는다.
지식으로만 전달된 복음은 화석화되고 끊어졌다.

지혜와 총명이 있는 자

너희 중에 지혜와 총명이 있는 자가 누구냐 그는 선행으로
말미암아 지혜의 온유함으로 그 행함을 보일지니라 _약 3:13

캄보디아의 역사는 편할 날이 없었다. 열강의 식민지와 해방, 폴포트에 의한 내란과 공산화, 가난과 동족 학살이 끊임없었다. 이런 혼돈과 공허와 어둠은 해결할 방도가 없이 역사 속에서 계속되었고 지금은 잠시 소강상태이다.

이와 같은 혼돈과 공허와 어둠의 본래 의미를 알면 왜 해결이 안 되는지 알 수 있다. 이런 것들은 귀신의 이름이기 때문이다. 귀신이 가득한 세상을 사람의 지혜와 능력으로 어떻게 이길 수 있겠는가?

오늘날 세상은 동시문화권이어서 서로 연결되었고, 한 나라의 파도는 급속히 전 세계에 퍼진다. 한국 경제가 어렵더니 캄

보디아 경제도 어렵다. 한국 교회가 식어지더니 선교지 교회도 급속히 식어지고 있다. 이런 시대에 우리는 교회를 지키며 복음으로 승리할 길을 찾아야 한다.

유다의 혼란기에 에스겔은 바퀴 환상을 보았다. 바퀴 속에 바퀴가 또 있고 그 속 바퀴 속에는 영이 있었다. 에스겔은 겉 바퀴가 스스로 도는 것이 아니고, 속 바퀴인 축이 돌릴 때 겉 바퀴도 돌고, 그 속 바퀴는 하나님의 영이 돌리는 것을 깨달았다.

선교지 성도들이 깨달음이 약하고 때로는 마이동풍 같지만, 그래도 순종하고 열심을 내는 사람이 있어 나는 복음을 전한다. 선교하면서 나는 한 사람에게 집중하며 전하는 것을 좋아했다.

초창기에 조용기 목사님의 설교를 번역하여 바이요안 TV로 방송을 내보낼 때 방송을 듣고 지방 오지 마을에서 편지가 왔다. 한국처럼 길이 좋으면 한순간에 달려가겠지만, 그때는 길이 망가진 곳이 많아 달구지나 다닐 수 있는 길이어서 가까워도 하루길이었다. 그래도 기쁘게 한 사람을 위해 복음을 전하고 책을 주며 제자를 세웠더니 지금은 십여 곳에 교회가 세워졌다. 나는 잘 세워진 한 사람에 의해서 그 지역이 살아나고 나라가 살 수 있다는 믿음이 있다.

지혜와 총명

하나님이 찾으시는 것은 소수의 사람이고, 그는 지혜롭고 총명한 사람이다.

"너희 중에 지혜와 총명이 있는 자가 누구냐 그는 선행으로 말미암아 지혜의 온유함으로 그 행함을 보일지니라"(약 3:13).

캄보디아의 희망은 지혜와 총명이 있는 소수의 사람에게 있다. 성경에서 지혜는 하나님 말씀과 동일하게 사용한다. 하나님께서 말씀으로 창조하셨는데, 또한 지혜로도 창조하셨다.(시 104:24)

지혜자는 말씀의 지혜를 갖고 있는 사람이고, 총명한 자는 경험적 지식을 갖고 있는 전문가를 말한다. 하나님은 이런 사람들을 부르시고 사용하신다.

성막을 만드는 사람들

출애굽한 이스라엘을 위해서 하나님께서 광야에서 성막을 만들기 위해 장인들을 불렀다.

"하나님의 영을 그에게 충만하게 하여 지혜와 총명과 지식과 여러 가지 재주로"(출 31:3).

브살렐과 오홀리압과 여러 여인들은 백성 중에 있는 보통 사람이었다. 학문적 지식은 없지만, 경험을 통한 기술을 가진 장인들이었다. 그들에게 하나님의 영이 부어지고 지혜와 총명을 주셨다. 그들이 성막의 기구를 만들고 제사장의 예복을 만들었고 성막을 완공했다.

성경에서는 제사장이나 율법에 정통한 서기관 같은 높은 사람들에게 지혜와 총명한 자라고 하지 않고, 경험 많은 숙련된 장인들에게 지혜롭고 총명한 자라는 칭호가 붙여졌다.

그래서 이스라엘에서는 이런 숙련된 장인들을 매우 존중한다. 이들은 제사장과 동급으로 여겨서 제사장이 등장할 때 모든 사람이 일어서지만 지혜와 총명의 칭호가 있는 장인들은 일어서지 않는다고 한다. 이러한 장인 존경 정신이 유대인을 역사 속에서 빛나게 만든 것이다.

교회를 세우는 사람

지혜와 총명한 자가 성막을 세운 것은 매우 의미가 깊다. 이 사람들이 하나님의 교회를 세우는 것이다.

"너희 중에 지혜와 총명이 있는 자가 누구냐 그는 선행으로 말미암아 지혜의 온유함으로 그 행함을 보일지니라"(약 3:13).

야고보 사도가 "지혜와 총명이 있는 자가 누구냐"라는 것은 "말씀의 체험적 전문가"를 찾는 것이다. 말씀이 생활화된 성도로서 말씀에 지혜와 총명이 주어진 자를 찾는 것이다. 성막을 세우는 지혜와 총명한 자와 교회를 세우는 말씀이 생활화된 성도는 같은 것이다. 성막은 신약시대 교회의 모형이다.

말씀의 지혜와 총명이 있는 자가 참 성도이다. 그는 말씀의 체험적 전문가로 말씀을 행하는 사람이다. 모든 말씀의 지식을 아는 전문가가 아니고, 말씀의 매뉴얼대로 꼼꼼히 챙겨 행하여 체험하는 장인과 같은 성도이다. 이런 성도가 교회를 살리고 나라를 살리게 된다.

야고보 사도는 말씀을 행함이 없으면 헛된 사람이고, 믿음도 헛것이라고 한다.(약 2:20) 우리가 하나님의 말씀대로 행함에 양심의 가책이 없어야 하나님 앞에 담대히 설 수 있다.(요일 3:21) 그런 성도는 무엇이든지 기도하는 바를 받게 된다.

"무엇이든지 구하는 바를 그에게서 받나니 이는 우리가 그의 계명을 지키고 그 앞에서 기뻐하시는 것을 행함이라"(요일 3:22).

말씀을 따라 행하는 것이 없으면 구하는 바를 받을 수 없다. 구하는 바를 받지 못하는 것은 하나님이 기뻐하시는 말씀의 행함이 없다는 것이다. 기도가 하나님 보좌로 못 올라가고 떨어져 버리는 것이 얼마나 많은가? 무엇이든지 구하는 바를 받는데 응답이 안 되면 그 원인을 찾아봐야 하는 것이다.

나는 선교의 결론이 말씀을 행함이라는 것을 깨달았다. 이

무리 많은 성도가 몰려와도 말씀을 행하는 성도가 없으면 결코 교회는 세워지지 않는다. 말씀의 매뉴얼대로 행하지 않으면 하나님은 응답을 주실 수 없는 것이다. 우리의 기도는 내 야망을 이루기 위한 것이 아니다. 내가 말씀 앞에 깨어지고 변화되고, 말씀의 행함을 위한 것이어야 한다.

지혜의 온유함으로

야고보 사도는 "지혜의 온유함으로 그 행함을 보이라"고 한다. 온유함은 히브리어로 "아나우"로 '지극히 겸손한 노예상태'를 의미한다. 주인이 "가라면 가고, 오라면 오는" 절대 순종하는 종이다. 말씀 앞에서 죽는 것은 자기 생각을 내려놓고 겸손으로 온유함을 이루는 것이다.

"모세는 온유함이 지면의 모든 사람보다 더하더라"한 것은 그가 말씀 앞에서 죽은 사람으로 온전히 말씀 따라 행하는 최고의 사람이라는 것이다.(민 12:3)

예수님은 "나는 마음이 온유하고 겸손하니 나의 멍에를 메고 내게 배우라"(마 11:29) 하셨는데 "나의 멍에"는 예수님의 십자가이고, 죽음이다.

그러므로 "지혜의 온유함"은 말씀 앞에서 자신이 죽는 것이다. 사도 바울이 "나는 날마다 죽노라" 한 것은 날마다 말씀 앞에서 육을 죽였다는 것이다.

 이런 온유함에 이른 성도는 하나님의 교회를 세우고 그의 기도는 말씀에서 약속된 모든 것을 구할 때 무엇이든지 받게 되는 기적이 일어나게 된다.

 지혜와 총명이 있는 자가 부름 받은 자들 가운데서 택함 받은 성도이고, 그는 지혜의 온유함으로 행하는 성도이다. 하나님은 그 성도를 통해서 참교회를 세우신다. 참교회가 선교지의 희망이고, 대한민국의 희망이다.

 참교회에 의해서 하나님의 수레바퀴가 돌려지면 다윗 시대의 역사를 만들어낸다. 그것이 안 되는 역사는 유다의 말기와 같이 나라의 문을 닫는 역사가 되는 것이다.

 인정하고 싶지 않아도, 성경적으로 볼 때 한국에 혼돈과 공허와 어둠이 오는 것은 교회 때문이고, 세계의 종말도 교회 때문이다. 하나님은 성전이 타락했을 때 이스라엘을 이방 나라에 팔아버리셨다.

 과거에 한국 교회가 큰 부흥을 이루었지만 지금은 많이 추락했다. 말씀의 온유함으로 행함이 없기 때문이다. 교회의 외적 성장은 누구도 따르지 못하지만, 말씀 앞에서 죽는 온유함이 부족하다. 그 결과 문 닫는 교회가 많고, 태의 문이 닫혀 출산 절벽으로 나라도 문이 닫힐 위기이다.

다가오는 혼돈과 어둠을 어떻게 해결할 것인가? 책임 있는 정치인들도 서로 상대방에게 책임을 전가하며 서로가 탄핵하기에 바쁘다. 아, 이 현실을 어떻게 해야 될 것인가? 정답은 오직 하나이다.

하나님이 찾으시는 말씀의 지혜와 체험적 총명함으로 가득한 성도가 되어 다시 참교회를 이루어야 한다. 하나님은 속 바퀴인 교회를 돌리시고, 교회가 세상의 역사를 돌리게 되는 것이다. 에스겔이 성전에서 본 바퀴 환상도 그것이었다.

예복을 입지 않은 사람

◆ ◆ ◆

캄보디아 예식은 화려하다.
예복도 매우 아름답고 여러 번 갈아입으며 사진에 담는다.
아무리 가난해도 예복을 입지 않는 신랑 신부는 없다.
하객으로 초대된 손님들은 예복을 입을 필요가 없다.

성도는 어린 양의 혼인 잔치에 들어간다.
어린 양의 신부로 혼인 잔치의 주인공이다.
가장 아름다운 예복을 입고 신랑 예수님을 맞이한다.
성도는 하객으로 초대된 손님이 아니다.

예복을 입지 않은 사람

임금이 손님들을 보러 들어올새
거기서 예복을 입지 않은 한 사람을 보고 _마 22:11

선교하면서 성도들의 결혼 주례를 많이 했다. 어느 선교사님은 교회 내에서 연애하지 말라고 하지만, 나는 청춘남녀가 교회 내에서 만나 교제하여 가정을 이루고 자녀를 많이 낳으라고 적극 권했다. 이렇게 해서 약 50여 쌍이 교회에서 만나 가정을 이루었다. 특히 목회자들은 교회에서 가장 믿음 좋은 성도와 결혼하여 파송받아 교회를 개척하니 최고의 사역자가 되었다.

캄보디아 신랑 신부는 아침부터 옷을 바꿔 입으며 손님을 맞이하여 저녁에 피로연으로 끝낸다. 우리 교회에서는 우상숭배 예식을 아침에 교회에서 결혼 예배하는 것으로 바꿨고,

나머지는 동일하다.

결혼식에서 하객을 대접하는 음식도 중요하지만, 가장 중요한 것은 신부의 예복이다. 더위에도 결혼 예복을 바꿔가며 평생 입을 옷을 다 입는 듯한다. 자기 혼인 예식을 기억 못 하는 사람도 없겠지만, 예복 준비를 잊어버리는 신부는 더더구나 없을 것이다. 예복을 입지 않고 예식장에 들어오는 사람은 하객들이다.

혼인 잔치 비유

임금님 아들의 혼인 예식에 많은 사람이 부름을 받았다. 여기에서 많은 사람이 오해한다. 이 비유에서 임금은 하나님 아버지이고, 아들은 당연히 예수님이다. 청함을 받은 사람들은 하나님 아들의 혼인 잔치에 신부로 부름 받은 것이다.

부름 받은 사람들 중에 자신이 하객으로 초대된 것으로 착각하는 사람들이 가득했다.(마 22:10) 이는 교회에서 손님처럼 신앙 생활하는 사람들이 많다는 것이다. 이런 사람들은 예복을 입지 않을 것이다.

예복을 입지 않은 어떤 사람에게 물어보니 유구무언이었다. 그는 하객으로 초청된 줄 알고 예복 없이 참여했는데, 참석하고 보니 자신이 신부였던 것이다. 이런 비극이 있을 수 있나!

신앙생활은 어린 양의 신부로 신앙 생활해야 하는 것이다. 신부에게 중요한 것은 예복이다. 세상에 예복 입지 않는 신부는 없겠지만, 불행하게도 천국 혼인 잔치에서는 그런 사람이 어마어마하게 많이 있다. '나는 신부인가? 하객인가?' 냉정하게 판단해야 한다.

쫓겨나는 신부

"임금이 사환들에게 말하되 그 손발을 묶어 바깥 어두운 데에 내던지라 거기서 슬피 울며 이를 갈게 되리라"(마 22:13).

이 말씀은 단순한 비유가 아니다. 한평생 신앙생활하고 택함 받지 못하고 버림받는 비극이 어린 양의 혼인 잔치에서 일어날 것이다.

"청함을 받은 자는 많되 택함을 입은 자는 적다"(마 22:14).

땅에서는 예복을 입지 않고 결혼식에 들어가는 신부는 없겠으나, 천국 혼인 잔치에는 많이 있을 것이다. 자신이 신부로 부름 받은 것을 모르고 신부 수업을 하지 않는 신자가 많기 때문이다.

첫째로 부름 받은 이스라엘 백성이 자신들이 부름 받은 신부인 줄 몰랐다. 그래서 혼인잔치 초청에 바빠서 초청을 거부하고 일터로 나갔다. 종들이 계속 와서 임금님의 거듭된 요청을 전하자 귀찮아서 그 종들을 죽여 버린다. 임금님은 자기의 뜻을 모르는 이 백성들에게 노하여 진멸하고 동네를 불살랐다.(마 22:7) 이것이 이스라엘의 역사이다.

둘째로 신약의 교회시대 성도들도 자신들이 예수님의 신부로 부름 받았다는 것을 모른다. 그래서 예수님의 신부로서 수업을 받으며 변화하려고 하지 않는다. 예수님은 믿지만 여전히 세상의 방법대로 살아간다.

그들은 예배와 삶이 다르다. 교회 내에서는 하나님을 찬양할지라도 삶에서는 인본적인 방법으로 산다. 세상 명예와 재물을 위해 살면서 자녀 교육도 거기에 맞춰서 한다. 그러므로 자녀 시대에 와서는 믿음이 파선하는 것이다.

예배와 삶은 같은 단어이다. 하나님이 아담에게 하신 명령이 에덴동산을 경작하고 지키는 것이다.(창 2:15) "경작하며"는 히브리어로 '아바드'이다. "일하다, 예배하나, 봉사하다"로 쓰인다. 일하는 것이 예배하는 것이고, 예배하는 것이 일하는 것으로 일과 예배는 같다는 것이다. 교회에서 예배하는 것과 삶에서 일하는 것이 동일하다는 것이다. 그러므로 성도는 삶 가운데 말씀에서 벗어나지 않도록 해야 한다. 여기에서 예복 입은 신부로 택함이 있다.

예복의 의미

출애굽기의 결론이 제사장이 옷을 입고 성막을 세우는 것으로 끝난다. 제사장의 옷은 금실과 청색 자색 홍색 실과 가늘게 꼰 베 실로 만들었다.(출 39:2) 이 실로 매우 정교하게 만들면 거룩한 옷이 된다. 여기에 각종 보석으로 겉옷을 단장하게 된다. 제사장의 속옷은 베로 짜서 세마포 속바지를 만들었다. 이와 같이 엄격하고 정교하게 옷을 만들어 입은 제사장이 성소를 세우고 그 안에 들어가서 하나님을 만나는 것이다.

구약 시대에는 오직 제사장만이 입을 수 있는 거룩한 제사장의 옷이 신약에서는 모든 신부가 입는 혼인 예식 옷이다. 신약의 성도는 구약의 제사장 보다 더욱 귀해서 "택하신 족속이요, 왕 같은 제사장들이고, 거룩한 나라이고, 하나님의 소유가 된다."(벧전 2:9)

제사장이 예복을 입지 않고 성소에 들어갈 수 없고, 예복 없이 하나님을 만날 수도 없다. 예복 없이 성소에 들어가는 것은 저주받아 당장에 죽임을 당하게 된다. 예수님 신부의 예복이 이렇게 중요한 것이다. 이 예복의 의미를 알고 예배 때만 입는 것이 아니고, 항상 입고 신부의 삶을 살아야 하는 것이다.

구원의 옷, 공의의 겉옷

이사야는 제사장 옷으로 신랑 신부의 예복을 설명한다.

"내가 여호와로 말미암아 크게 기뻐하며 내 영혼이 나의 하나님으로 말미암아 즐거워하리니 이는 그가 구원의 옷을 내게 입히시며 공의의 겉옷을 내게 더하심이 신랑이 사모를 쓰며 신부가 자기 보석으로 단장함 같게 하셨음이라"(사 61:10).

이사야가 말하는 두 가지 옷은 구원의 옷과 공의의 겉옷이다. "구원의 옷"은 하나님께서 범죄 한 아담과 하와를 위해 만들어 주었던 어린 양의 가죽옷이다. 이 옷은 무릎 아래까지 내려오는 속옷과 같다. "공의의 겉옷"은 겉에 입는 화려한 예복이다. 제사장이 입는 예복을 "신랑이 사모를 쓰고, 신부는 보석으로 단장함"이라고 하였다.

주님의 혼인잔치에 들어가는 신부는 구원의 속옷에 공의의 겉옷을 입고 들어간다. 구원의 옷은 정의의 속옷이고, 공의의 겉옷은 말씀을 행하는 예복이다.

정의는 히브리어로 '미쉬파트'로 법정에서 무죄 선언받은 의이다. 공의는 무죄 선언받아 출소한 사람이 법대로 행하여 다시는 과거의 죄된 삶을 살지 않는 의이다. 성도는 반드시 이 두 가지 의를 갖춘 의인이 되어야 한다.

계시록에서 성도들이 빛나고 깨끗한 세마포 옷을 입고 혼인 예식에 들어가는 데 이 옷은 "성도들의 옳은 행실"이라고 하였다.(계 19:8) 옳은 행실은 결코 세속적 의로움으로는 나올 수 없다. 오직 하나님의 말씀대로 행할 때 나오는 거룩한 행실이다. 성경에서 말씀하는 선한 일, 옳은 행실, 거룩한 행실은 말씀을 행할 때 나오는 공의이다. 세상에서 아무리 착한 일을 한다고 해도 하나님이 인정하는 옳은 행실은 아닌 것이다.

말씀대로 행하는 성도들에게는 공의의 겉옷인 혼인 예복이 입혀지는데, 그 옷에서 하나님의 빛이 나는 것이다. 우리가 항상 말씀을 행하고 살면, 거룩한 예복을 입고 사는 성도가 된다. 이 성도를 하나님은 예수님의 신부로 택하여 공중 혼인잔치에 들어오게 하여 세상의 환난의 때를 감하게 하는 것이다.

성도는 공의를 갖추어 환난의 때를 탕감받아야 한다.

"만일 주께서 그날들을 감하지 아니하셨더라면 모든 육체가 구원을 얻지 못할 것이거늘 자기가 택하신 자들을 위하여 그 날들을 감하셨느니라"(막 13:20).

택함 받은 성도가 그 환난의 때를 탕감받는다는 말씀은 후 3년 반을 통과하지 않고 환난 중간기에 공중 혼인잔치에 초대받는 것을 의미한다.(계 11:12)

예수님을 믿는다고 모두 신부로 택함 받는 것이 아니다. 믿고 말씀을 행함으로 사는 성도가 예복을 입고 사는 성도이다.

믿기는 하지만 세속적으로 살면 예복이 없는 성도이다.

이들이 출애굽되어 광야에서 죽은 이스라엘 사람들이다. 그들은 항상 애굽이 그립고, 애굽식으로 살고, 하나님을 우상숭배처럼 믿어 금송아지를 만들고, 애굽 땅에서 인도하여 낸 너희의 신이라고 하였다.(출 32:4)

말씀을 행하지 않으면 예복 입지 않은 손님과 같은 성도가 된다. 말씀을 지켜 행하는 성도만이 빛나고 깨끗한 세마포 예복을 입고 다시 오시는 예수님을 영접하는 거룩한 신부가 된다.

자유하라

◆ ◆ ◆

뚜울슬랭은 폴포트 때 악명 높은 감옥이다.
수감자는 죽어야 나왔고, 살아남은 사람은 거의 없다.
오늘날 캄보디아 교도소는 끔찍하다.
시설은 열악하고 덥고 모기 해충과도 싸워야 한다.
수감자가 밥을 사 먹는 것은 물론이고
심지어 물값 전기값도 부담해야 한다.
어느 날 그런 교도소에서 알지도 못한 한인에게서 연락이 왔다.
예수님의 책망이 생각나서 방문해서 도와주었다.
연고자가 없어서 5년을 옥바라지해 준 것 같다.
세상에서 가장 비참한 것은 자유가 없고 묶인 사람이다.

시골 사람들은 은행에서 빚을 내어 집을 짓는다.
이자와 원금을 갚지 못해 집에 자물쇠가 채워진 집이 많다.
집에서 쫓겨나고 월급은 모두 원리금 상환에 들어가서
빈곤하게 산다.
감옥 밖에 살아도 자유가 묶여진 사람이 많다.
예수님께서 "자유를 주노니 너희는 자유하라" 하셨다.

자유하라

진리를 알지니 진리가 너희를 자유롭게 하리라 _요 8:32

캄보디아에 외국 자본이 많이 들어오고 소득이 올라가기 시작하더니 외국계 은행이 많이 들어왔다. 그중에서 제2금융은 예금을 받지 않고 대출만 해준다. 은행에서 돈을 빌려본 경험이 없던 캄보디아 사람들은 땅과 집을 저당 잡히고, 고율의 이자를 내면서 너도 나도 돈을 빌려서 집을 멋지게 지었다.

이자가 무서운 것을 아는 데는 많은 시간이 걸리지 않았다. 월급 받아 원리금을 갚는데 다 쓰게 되었고, 갚지 못하니 집과 땅을 빼앗기고, 원금은 이자가 더해져 계속 올라간다. 이런 일들은 교회 성도들에게도 있어서 집 빼앗기고 오갈 데 없어 교회에서 생활하는 가족도 있다.

예수님이 자유를 주시기 위해서 오셨는데 성도들이 왜 자유를 스스로 팔아버리는지 모르겠다. 예수님을 믿는 성도는 속박되이 자유를 상실하면 안 된다. 예수님을 믿으나 모든 것에서 자유하지 못하면 믿음을 점검해야 한다.

진리를 알라

사회적 자유를 누리고 있지만, 무언가에 눌리고, 묶이고, 통제당하며 사는 사람들이 적지 않다. 특히 정신적 질병으로 자유하지 못하는 사람들을 보면 마음이 심히 아프다. 건강은 좋지만, 돈에 눌리고, 시간에 쫓겨 자유롭지 못한 사람도 많다. 예수님을 믿는데 왜 완전한 자유를 누리지 못하는 성도들이 많은가?

유대인들은 예수님을 오해하였다. 조상들이 출애굽하여 애굽을 벗어나게 하신 것처럼, 예수님도 자신들을 로마로부터 벗어나게 해 주실 것으로 생각했다. 그것이 아님을 알았을 때 유대인들은 예수님을 로마 총독에게 고발했고 십자가에 못 박았다.

성도의 진정한 출애굽은 마귀로부터 해방이지 세상 권력으로부터 해방이 아니다. 이것의 의미를 깨닫지 못하면 참 신앙을 가질 수 없다. 주님을 따르는 무리는 되었지만, 제자는 되지 못하는 것이다. 예수님은 주님을 따르는 무리에게 말씀하신다.

"너희가 내 말에 거하면 참으로 내 제자가 되고"(요 8:31).

이 말씀은 성도가 말씀 안에 거하는 시점부터 제자가 된다는 것이다. "내 말에 거하면"의 뜻은 "내가 너희에게 말한 대로 살면"이다. 말씀에 거하고 주님의 제자가 되면 진리를 알고, 진리로 자유롭게 살게 된다.

유대 종교 지도자들은 자신들이 진리를 알고 자유가 있다고 생각했다. 그러나 그들이 알고 있는 진리의 앎과 자유는 예수님이 말씀하시는 것과 많은 차이가 있었다. 사람들은 진리를 거짓의 반대 정도로 생각한다. 예수님이 말씀하시는 진리는 하나님의 말씀 그 자체이다.

철학이 진리를 탐구하는 학문이라고 한다. 그런데 철학은 시대가 변화함에 따라 계속 업그레이드되고 변해간다. 그 말은 철학적 진리는 시대에 따라 변했다는 것이다. 진리는 변하는 것이 아니다.

진리이신 하나님의 말씀은 어제나 오늘이나 영원히 변하지 않는다.(히 13:8) 오히려 가감하면 저주가 된다. 성도는 세속적 진리에 역으로 살아야 한다. 세상의 가르침으로 가면 망하지만 그 반대로 가면 반드시 승리한다.

"진리를 알라"의 "앎"은 경험함으로 체득되는 것이다. 유대인들은 지식적 '앎'이었지만, 예수님의 '앎'은 체험적 지식의 '앎'이다. 장인들의 반복된 숙련 과정에서 체험을 통해 얻어지는 것이 '앎'이다.

성경에서 숙련된 기술자들에게 지혜로운 자라는 칭호를 붙였다. 지식이 많고 머리가 좋은 제사장, 서기관들에게 붙일 것 같지만 하나님은 그런 사람에게 지혜롭다고 하시지 않았다. 하나님은 "지혜로운 마음"을 끊임없이 노력하는 장인들에게 주셨다.

하나님은 금속을 세공하는 장인들과 집에서 베를 짜는 아낙네들에게 지혜로운 마음을 주셨다.(출 35:35) 이들은 두뇌로 일하는 것이 아니고, 숙련된 경험으로 일하는 사람들이다. 여기에서 하나님의 지혜가 나온다.

'지혜'라는 히브리어 "사칼"은 "능숙하다, 노련하다"는 뜻이다. 이는 성도가 하나님의 말씀을 지혜로운 장인들처럼 부단히 연마하며 깨달아야 한다는 것이다. 많이 읽고 암송하며, 그 말씀을 실생활에서 적용하면서, 머리가 아닌 손과 마음으로 말씀을 입증하는 것이다. 말씀을 장인정신으로 반복하며 적용하면 그것이 앎이 되고, 지혜가 된다.

다윗의 지혜, 솔로몬의 지혜

다윗이 지혜롭게 행동하였기에 하나님께서 함께 하셨다.(삼상 1:14) 다윗의 지혜는 광야에서 많은 연단과 경험을 통해 얻어진 "사칼(지혜)"이다. 다윗은 말씀을 자신에게 적용하는 수많은 훈련을 하였고, 거기에서 나온 말씀의 지혜는 능력이 있고 어떤 유혹에도 타락하지 않았다.

솔로몬에게도 하나님이 지혜를 주셨다.(왕상 3:12) 그러나 다윗의 지혜와 솔로몬의 지혜는 다르다. 솔로몬의 지혜는 "호크마"이다. 호크마는 경험에서 나오는 지혜가 아닌 명철하고 재치 있는 천재적인 지혜이다.

솔로몬은 광야의 연단을 경험하지 않은 왕으로 하나님께서 일방적으로 지혜(호크마)를 부어주셨다. 솔로몬은 지식적 지혜(호크마)를 체험적 지혜(사칼)로 승화시키지 못했다. 그 결과 그의 말년은 타락의 길을 걷게 되었다.

우리의 할아버지, 아버지 세대의 한국 초대교회는 교육도 많이 받지 못했고 지식도 적었다. 그러나 그들은 체험을 통한 지혜가 있었고, 그 체험에 의해 신앙이 뜨거웠고, 엄청난 부흥을 이루었다.

그 다음 세대인 이 시대는 어떠한가? 유사 이래 최고의 부를 누리고, 교육도 많이 받았고, 해외 유학도 해서 최고의 학자들이 많은 세대이다. 담임 목사의 설교는 성경적이고, 논리적이고, 아버지 세대와는 비교가 안 된다.

그러나 이 시대의 신앙은 차갑고 믿음도 약해지고, 교회는 날로 비고 있다. 그 원인은 다윗의 지혜와 솔로몬의 지혜의 차이다. 다시 말씀을 행하고 체험하여 다윗과 같은 사칼의 지혜가 있어야 한다.

성도는 말씀으로 단련하여 삶을 창조하는 말씀의 장인 정신이 있어야 한다. 말씀으로 마귀의 풍파를 헤쳐 나가야 한다. 그 말씀이 체험적 지혜가 되어야 마귀를 이기고 마귀로부터 자유하게 된다.

자유하라

유대인들은 자신들이 아브라함의 자손이기 때문에 종이라는 것을 인정하지 않고, 자유롭게 된다는 것을 이해할 수 없었다.

"그들이 대답하되 우리가 아브라함의 자손이라 남의 종이 된 적이 없거늘 어찌하여 우리가 자유롭게 되리라 하느냐"(요 8:33).

그들은 아브라함의 육체적 혈통이니 자유가 있는 백성이라는 것이다. 그러나 그들에게는 아브라함처럼 말씀을 행하는 삶이 없었다.

오늘날 어떤 성도들은 자신이 예수님을 영접했고, 교회를 다니기 때문에, 마귀의 종이 아니고 자유하다고 한다. 그러나 그들 중에 돈에 노예가 많고, 시간에 매여 살거나, 두려움 속에 사는 성도들이 많다.

영적 자유를 누리지 못하고 무언가에 쫓기고 억눌려 사는 것은 자유인이 아니다. 성도는 영적 육체적 경제적 모든 영역에서 자유해야 한다.

"죄를 범하는 자마다 죄의 종이라"고 하셨다.(요 8:34) 종은 주인에게 매여 있는 사람이고 자유할 수 없다. 죄는 "하나님의 말씀에서 벗어난 것"이다. 말씀에서 떠나 세속적으로 살아가는 것이 죄이다. 말씀을 행하지 않으면 세상의 가르침이 들어온다. 가나안에 들어왔던 이스라엘 백성들이 하나님의 말씀 따라 살지 않았기 때문에 가나안의 종교와 신들의 문화가 들어왔고 결국은 망했다.

죄의 종은 하나님의 집에 거하지 못한다는 무서운 말씀이다. 아버지 말씀을 따라 행하면 자녀가 되고, 행함이 없으면 죄의 종이 되는 것이다.

죄로부터 벗어나는 처절한 싸움을 해야 한다. 우리의 육신에 길들여진 모든 이론에서 벗어나야 자유 할 수 있다.

출애굽한 이스라엘 백성들은 광야에서 말씀을 받았음에도 지켜 행하는 삶을 살지 못해서 광야에서 망했다. 십자가로 출애굽한 현대 성도들도 믿고 거기에서 멈추면 광야의 백성이 된다.

"이는 그리스도 예수 안에 있는 생명의 성령의 법이 죄와 사망의 법에서 너를 해방하였음이라"(롬 8:2).

예수로 구원받은 성도는 "생명의 성령의 법" 속에서 체험하며 살아야 한다. 이 생명의 성령의 법은 예수님의 계명이다. 예수님의 최초의 계명이 산상수훈이니 이 말씀에서 벗어나면 안 된다. 거기에서 성화가 이루어지고, 하나님의 아들이 되고, 예수님의 신부로 택함 받아, 영원하고 완전한 자유를 누리게 되는 것이다.

여리고 성을 허물고 가라

◆ ◆ ◆

1번 국도 옆 쯔바엄뼈으사원에
거대한 지옥문과 최대의 좌불상이 세워지고 있었다.
어느 선교사가 그 앞을 지나갈 때마다
"무너져라! 무너져라!" 외쳤다.
정부에서 사원 앞 국도 확장 공사를 고지했다.
당연히 이 건물들은 허물어졌다.
지금은 막히지 않고 차들이 쌩쌩 달려 좋지만
지옥의 문이 없어 더욱 좋다.

예루살렘에 올라가려면 여리고를 거처야 한다.
여리고는 달신을 섬기는 곳이다.
여리고 달신의 성을 허물지 않으면
예루살렘 성을 세울 수 없다.

여리고 성을 허물고 가라

제사장들이 양각 나팔을 길게 불어 그 나팔 소리가 너희에게 들릴 때에는 백성은 다 큰 소리로 외쳐 부를 것이라 그리하면 그 성벽이 무너져 내리리니 백성은 각기 앞으로 올라갈지니라 하시매 _수 6:5

여리고는 가나안의 첫 성으로 세계에서 가장 낮은 해발 -250m 밑에 있다. '여리고'는 '달신을 섬기는 곳'이라는 뜻이다. 바벨론과 가나안의 최고의 신은 달신이다. 애굽은 태양신을 최고의 신으로 섬긴다.

세상 나라의 국기를 보면 기독교를 섬기던 나라는 십자가가 많이 들어가지만, 그 외 나라의 국기는 태양, 달, 별 중에 하나가 주로 들어간다. 이런 우상을 허물지 않으면 참 인생을 건축할 수 없다.

하나님께서 이스라엘 백성을 출애굽 시킨 것은 가나안에 들어가 예루살렘 성을 건축하기 위한 것이다. 예루살렘으로 가려면 반드시 여리고 성을 통과해야 하는데, 하나님은 여리고 성을 허물고 가라고 하셨다. 이것은 여리고 성만 허물라는 것이 아니고, 성과 함께 여리고 신들의 사상을 허물라는 것이다.

가나안은 젖과 꿀이 흐르는 땅으로 비유한다. 그런데 가나안을 살펴본 사람은 실망한다. 두로 왕 히람이 솔로몬에게 갈릴리의 20 성읍을 하사 받고 말한다.

"내게 준 이 성읍들이 이러한가 하고 이름하여 가불 땅이라"(왕상 9:13).

'가불 땅'은 '쓸모없는 땅'이라는 말이다. 갈릴리 지역은 그래도 좋은 땅인데 히람은 가불이라고 외쳤으니 다른 곳은 말할 필요도 없을 것이다.

'젖과 꿀'을 이해하지 못하면 '가불'이 된다. "젖과 꿀"은 선지자가 먹는 양식으로, 하나님의 말씀을 비유하는 말이다. 그래서 침례 요한이 광야에서 석청을 먹었다. 하나님의 말씀을 먹을 때 젖과 꿀의 맛이 있다.

"내 아들아 꿀을 먹으라 이것이 좋으니라 송이꿀을 먹으라 이것이 네 입에 다니라"(잠 24:13).

하나님의 말씀이 꿀맛이라는 것이다. 말씀을 젖과 꿀맛처럼 사모할 때 우리의 삶에서 젖과 꿀이 흐르는 것이다. 우리 안에 있는 여리고 성을 허물지 않으면, 말씀에서 꿀맛을 볼 수 없고,

가불이 된다. 우리 가정에 여리고를 허물지 않으면, 결코 젖과 꿀이 흐르는 하나님의 가정을 세울 수 없는 것이다.

여리고 성은 난공불락

여리고 성은 거대했고, 네피림의 후손인 아낙자손이 통치했다.(민 13:28) 네피림인 아낙 족속은 타락한 천사와 인간의 딸 사이에서 태어난 종족으로 사악한 거인들이다.(민 13:33) 이 거인의 통치는 마귀가 통치하는 성이라는 것이고, 인간의 힘으로는 허물 수 없는 땅이라는 것이다. 실제로 여리고를 정탐한 지도자들은 여리고는 허물 수 없으니 다시 애굽으로 돌아가자고 했다가 저주를 받는다.

여리고의 네피림 후손들은 타락한 천사들의 후손이라 천재적 지식을 갖고 있다. 사람과 식물들의 유전자를 변질시켜 거인과 거대 품종을 만드는 천사의 지식이 있었다.

이것은 거기에서 끝나지 않는다. 오늘날도 그때처럼 동식물의 유전자를 조작하여 거대하게 만들고, 병충해에 강한 품종을 만들었다.

오늘날에 유전자공학 기술이 개발되어 네피림과 같은 현상이 출현되는 것은 하나님의 심판이 매우 가깝다는 증거가 된다. 이런 것을 먹고 자라는 세대는 각종 암과 자폐증, 난임 등이 폭증하고 심각한 저출산으로 이어져 인류의 종말로 이어지는 것이다. 우리가 이러한 마귀의 성을 허물지 않으면, 결코 하나님의 성을 세우지 못하고 종말로 치닫는 것이다.

여리고 성 함락

여리고 성은 어떤 방법으로도 허물 수 없었으나, 매우 단순한 방법이 있었다. 여리고 성을 허무는데 등장하는 것이 언약궤, 제사장, 양각 나팔이다.(수 6:4,5) 이 모두가 하나님의 말씀과 관계가 있다. 언약궤 안에 하나님의 말씀이 있고, 제사장은 말씀대로 집행하는 사람이고, 나팔은 말씀의 선포이다.

여리고 성이 허물어지기 위해서는 매일 말씀대로 행하고 순종하는 삶을 살아야 한다. 제사장은 언약궤 앞에서 나팔을 가지고 돌았다.

성경에서 제사장이 나팔을 불 때는 전쟁과 희년을 선포할 때이다. 매일 나팔을 불어 여리고에 희년을 선포하여 하나님 나라의 통치를 알리는 것이다. 복음을 전하는 자 앞에 여리고 성은 반드시 허물어진다는 것이다.

일곱째 날에는 그 성을 일곱 번 돌며 그 제사장들은 나팔을 불었다. 하루도 거르지 않고 말씀대로 행했다. 일곱째 날은 안식일인데, 이 날에 성을 일곱 번 돌고, 나팔을 불며 외치자 성이 무너졌다.

계시록에서 일곱째 날, 일곱 번째 나팔에 "하나님의 비밀"이 풀린다. 하나님의 비밀은 주 안에서 잠자는 자들이 마지막 나팔에 순식간에 홀연히 다 변화되는 것이다.(고전 15:51) 죽은 자들이 부활되고, 예수님이 재림하실 때, 공중혼인 잔치에 들어간다.

일곱째 나팔에 여리고 성이 무너졌고, 계시록에서도 일곱 대접 심판이 이어졌다. 일곱째 나팔에 여리고의 모든 사람이 심판받아 죽었으나 혼인잔치를 맞은 여인도 있었다. 정탐꾼을 숨겨주며 믿음의 고백을 했던 기생 라합이다. '라합'은 정탐꾼 중 한 명이었던 '살몬'과 결혼한다.(마 1:5) 그러므로 여리고 성 함락의 결론은 세상의 심판이자, 성도의 천국 혼인잔치이다.

내 안에 여리고 성

마귀가 은밀히 세워놓은 여리고 성이 우리 안에 있다. 여리고 성이 무너졌다고 해서 영원히 사라진 것은 아니다. 여리고 성이 영원히 무너지는 때는 마지막 일곱 번째 나팔이 울리고, 예수님께서 재림하실 때이다. 여리고 성은 마귀의 성으로 언제든지 우리가 믿음생활에 게을러질 때 다시 들어와 마귀의 성을 세운다.

우리의 신앙생활은 쉬면 안 된다. "너희 모든 군사는 그 성 주위를 매일 한 번씩 돌되 엿새 동안을 그리하라"고 하였다.(수 6:3) 일곱째 날 안식일은 일곱 바퀴 돌며 완전하게 헌신하고, 엿새 동안은 일하면서 신앙의 여정을 멈추지 말고 매일 돌라는 것이다.

성도에게 일은 예배이고, 예배도 일이다. 주일에 한 번 예배하는 사람은 일처럼 고되지만, 매일 일을 예배처럼 하는 성도에게는 일이 예배처럼 기쁘다. 성도가 일터에서 일하는 것과 교회에서 예배가 동일한 것이 되어야 귀신이 우리 안에 여리고 성을 세우지 못한다.

마귀가 사람에게 세우는 여리고 성은 견고한 성이다. 마귀가 주는 먹음직, 보암직, 지혜롭게 할 만큼 탐스러운 재물, 음란, 쾌락, 권세, 명예의 유혹은 사람이 허물 수 없는 여리고 성이다. 말씀으로 살아내지 못하고, 믿음이 약해지면, 우리의 안에 이런 마귀의 성이 세워지게 된다. 성도는 강한 무장을 한 군사가 되어야 여리고 성을 허물 수 있다.

"그 성을 돌되 무장한 자들이 여호와의 궤 앞에서 나아갈지니라"(수 6:7).

"무장한 자"라는 말은 의외로 "제거하다, 옷을 벗다"는 의미이다. 병사는 전신갑주를 취하기 위해 먼저 입었던 자신의 옷을 벗어야 한다. 성도도 먼저 벗어버려야 할 것이 있다.

　모든 무거운 것과 얽매이기 쉬운 죄를 벗어 버리고 인내로써 우리 앞에 당한 경주를 하여야 한다.(히 12:1)

　"얽매이기 쉬운"은 "쉽게 함정에 빠뜨리는 것, 끊임없이 따라다니는 것"이다. 죄는 우리를 끊임없이 따라다니며 유혹하고, 함정에 빠뜨린다. 그러므로 주 예수 십자가의 보혈로 단박에 죄의 삶을 끊어 버리고 구원의 옷을 입어야 한다.

　여호수아 6장에서 여리고를 돌 때 "야웨 앞에서, 언약궤 앞에서" 행하라는 말이 여러 번 나온다. 여리고 전쟁과 우리의 삶은 하나님의 말씀의 임재를 철저히 의식하며 하나님이 지켜보시는 말씀 앞에서 행해져야 한다.

　성도의 영적전쟁은 그리스도의 좋은 군대가 되어 항상 하나님 앞에서 행하는 삶이다. 주님의 가르침은 지극히 단순하고, 쉽게 승리할 수 있는 것이다. 다른 방법으로 여리고 성을 허물고, 마귀를 점령하고 예수님의 혼인 잔치에 들어갈 방법이 없다. 내 안에 여리고 성을 말씀과 성령으로 허물고 말씀의 삶을 채워 넣으면 모든 것이 다 해결된다.

☆ 크놈꼰100 (나×100)

나에게 곱하기 100을 하자!
이것은 선교 초창기 우리 가족의 모토였다.
그해에 단기 선교팀의 모토로 정했고
우리는 그것을 새겨서 T를 만들어 입었다.
우리의 외심대로 하나님은
우리를 백배로 성장시켜 주셨다.
어찌 백배뿐이겠는가!
하나님은 우리의 믿음 대로 100배만 아니고
100만 배도 해주실 것이다.

영광에서 영광으로

◆ ◆ ◆

왕께서 계신 왕궁은 신성불가침의 구역이다.
캄보디아 최고의 영광은 왕이 누리고 있다.
성경공부 시간에 한 자매에게 물었다.
"왕이 늙었지만 왕비로 택하면 받아들이겠니?"
그 자매는 당연한 듯이 아무리 왕이 늙었어도 시집가겠단다.
왕의 영광이 좋은가보다.

하나님께서 성도들에게 최고의 영광을 주신다.
영광에서 영광에 이르니
한 번의 영광도 아니고 두 번의 영광이다.
하나님께서 주시는 영광을 누려야 한다.
하나님의 영광을 모르면 세상의 썩어질 영광을 좇게 된다.

영광에서 영광으로

우리가 다 수건을 벗은 얼굴로 거울을 보는 것 같이
주의 영광을 보매 그와 같은 형상으로 변화하여
영광에서 영광에 이르니 곧 주의 영으로 말미암음이니라 _고후 3:18

언젠가 나는 우리 선교지 성도들과 내가 다른 점이 무엇인가 생각해 본 적이 있다. 나는 선교하면서 한 번도 캄보디아에서 재물과 명예와 영광을 가지려고 꿈꾼 적이 없었다. 그것은 타국에서 외국인으로 가능하지도 않았다.

그런데 선교지 성도들은 '무엇을 먹을까, 무엇을 입을까, 어떻게 하면 돈을 많이 벌까' 항상 고민하며 사는 것 같다. 이 점이 우리 성도들과 선교사인 내가 다른 점이 아닌가 한다.

선교사의 삶은 선교지에서 복음과 전도와 말씀의 행함이고 다른 것을 생각할 수 없다. 이 나라 이 민족의 복음을 위해 기도하고, 교회를 위해 기도하는 것이 습관이 되었다. 항상 제자 목회자들과 교회에 대한 걱정과 기도이고, 그들의 삶을 위해 기도하고, 말씀을 가르치며 행하는데 중점을 둔다.

내가 선교사가 아니었다면 이런 삶을 살 수 없었을 것이다. 나는 방문하는 단기 선교팀들에게 항상 선교적인 삶을 강조했다. 우리는 세상의 영광이나 세상적인 성공을 꿈꿀 필요가 없다. 그런 것은 하나님께서 성경에서 가르치지 않았다. 성경에서 가르치는 것만 하면 어느덧 우리는 모든 면에서 최고의 고지에 올라온 것을 보게 될 것이다.

율법의 영광

율법의 영광은 세상에서 영광을 보장한다. 유대인들은 율법을 지킴으로 세상에서 부와 명예가 항상 최고에 이르렀다. 그러나 그들이 최고의 부의 영광을 쟁취했을 때쯤에는 모든 것을 빼앗기고 쫓겨나고, 죽임을 당하는 것이 유대인의 역사이다.

유대인들은 AD 70년에 로마에 의해 고토에서 쫓겨난 후 세상 곳곳에서 나그네로 살았지만, 재물을 얻는 데는 탁월했다. 그러나 이것이 그들에게 올무가 되어 항상 생명에 위협이 되었다.

유대인들은 어떻게 최고의 부를 누릴까? 그것은 그들이 율법적 삶을 살기 때문이다. 누구든지 율법을 지켜 행하면 세상에서 부와 영광을 누릴 수 있다는 것이 유대인들을 통해 증명되었다. 그러나 율법을 통한 영광은 하나님의 의에 도달할 수 없다.(롬 3:20) 하나님 앞에서 의롭게 되는 영광이 최고의 영광이다.

유대인들은 율법의 목적을 몰랐다. 율법으로는 죄를 깨닫는 것이다.(롬 3:20) 하나님께서 율법을 주신 목적은 세상에서 영광을 얻으라는 것이 아니라, "네가 하나님 앞에 죄인이다"는 것을 알라는 것이다. 율법은 사람이 죽은 후에는 "하나님 앞에서 반드시 심판을 받는다"는 것을 알라는 것이다.

유대인들은 자신이 죄인이라는 것을 깨닫고 죄를 지을 때마다 부지런히 제물을 잡아서 바치고 회개한다. 그러나 자신의 죄의 문제를 영원히 해결할 길을 찾지 않았다. 율법을 깨닫지 못하니, 율법이 예언하는 메시야를 몰랐다.

단지 율법을 지킴으로 부와 영광이 많이 쌓이며 하나님께 드리는 제물이 많아짐을 좋아했다. 하나님께서 제물을 드시는 것으로 착각하였다. 하나님은 그런 제물에 배부르니 가져오지 말라고 하셨다.(사 1:11) 율법의 목적을 모르면 이렇게 엉뚱한 방향으로 신앙 생활하는 것이다.

복음의 영광

율법적 영광은 세상에서 쌓이는 가시적인 영광을 의미한다. 이 영광에서 또 다른 영광으로 가야 한다. 사도 바울은 어린 양 예수님께 소망을 두었다.(고후 3:12) 예수님만이 영원한 영광이라고 했다. 율법의 영광은 천국에서 누릴 그림자에 불과하고, 잠시 지나가는 세상의 영광이다. 예수님의 영광은 천국에서 누릴 영원한 영광이다.

세상의 영광은 수건으로 싸서 감춰 놓으면 좋을 것이다. 율법적 영광을 구하던 구약의 백성들에게는 '천국이 없다'는 것을 알아야 했다. 구약성경에 '천국'이 없고, '스올'만 있는 것은 율법을 지키는 사람들을 위한 천국이 없기 때문이다. '스올'은 '음부'로서 죽은 자가 가는 곳이다.

천국은 예수님이 가져오셨다. 구약성경에는 천국에 대한 단어가 없다. 예수님이 등장하신 신약 성경은 온통 천국과 내세의 영광으로 가득 차있다.

모세가 하나님께 증거의 두 판을 받아 들고 산에서 내려올 때 하나님으로 인하여 얼굴 피부에 광채가 났다. 백성들이 모세의 얼굴에 나타난 광채로 인하여 가까이하기를 두려워했다.(출 34:29,30) 그런데 모세가 백성들에게 율법을 가르칠 때는 수건을 벗고, 마칠 때는 수건으로 가렸다.(출 34:35)

이것은 백성들이 모세를 무서워하므로 수건으로 얼굴을 가린 것이 아니라는 것이다. 사도 바울은 "장차 없어질 것의 결국을 주목하지 못하게 하려고" 수건을 썼다고 했다.(고후 3:13)

모세의 얼굴 광채는 율법의 영광으로 언젠가는 사라질 영광이다. 그런 영광을 주목해서는 안 되고 영원한 영광을 주목해야 한다는 것이다. 하나님이 율법을 주심은 세상에서 잘되는 영광을 위함만 아니다. 하나님의 아들을 기다리고 예수 그리스도의 영광을 얻으라는 것이다.

현세의 영광

현세의 영광을 주목하지 않아야 한다. 현세의 영광에서 예수님의 영광으로 옮겨야 한다. 예수님은 "무엇을 할까, 무엇을 먹을까, 무엇을 입을까 염려하지 말라"고 하셨다. 하나님의 나라와 의를 구하면 세상의 영광을 주목하지 않아도 주신다는 것이다. 우리에게 가려진 수건을 벗어버리려면 어떻게 해야 할까?

유대인들의 마음이 완고하여 수건이 벗겨지지 않았다. '완고하다'는 '돌같이 되다', '두꺼운 가죽으로 덮다'는 의미이다. '얼굴이 수건으로 가려졌다'는 것은 '마음이 돌 같고, 두꺼운 가죽으로 덮여 있다'는 것이다.(고후 3:14,15)

마음이 돌 같고, 두꺼운 가죽에 덮이면 깨달을 수 없다. 그런 사람들은 고집스럽게 세상의 부와 영광만을 찾으니, 하나님에 대해서는 가려지게 된다. "세상 영광을 구할 것인가? 예수님 영광을 구할 것인가?"

세상의 것을 애착하면 예수님의 영광이 보이지 않는다. 예수님을 찾으면 수건이 벗겨져 하나님의 영광도 보이고, 세상의 영광도 보인다. 성도의 믿음 생활은 세상의 것을 버리는 훈련이다. 예수님 안에서 그 수건이 없어지지 않으면 실패한 믿음이 된다.

수건으로 가려진 신앙은 어둠의 신앙이다. 주님께로 돌아가면 그 수건이 벗겨지는 것은 주님은 빛이기 때문이다.(고후 3:16) 모세가 야웨 하나님하고 같이 있을 때는 수건을 벗고 있었다.(출 34:34) 당연히 하나님 앞에서는 빛이기 때문에 수건이 사라지는 것이다.

모세가 만난 야웨 하나님은 바울이 말한 예수님이시다. 내 모든 죄를 회개하고 예수님께 가면 나머지는 모두 성령님이 하신다. 회개하고 예수님께 돌아서면 의문은 풀리고, 하나님이 보이는 것이다. 여기에서부터 영적 자유를 누릴 수 있다.

아론과 이스라엘 백성들은 모세의 얼굴에서 빛나는 광채를 보고 두려웠다.(출 34:30) 율법 앞에서 심판을 보았기에 두려운 것이다. 사람이 죽음을 두려워하는 것은 그들의 영이 심판이 있음을 알기 때문이다. 수건이 벗겨진 사람은 영광으로 덧입혀져 심판이 없는 것을 알기 때문에 두려움이 없다.

"우리가 다 수건을 벗은 얼굴로 거울을 보는 것 같이 주의 영광을 보매 그와 같은 형상으로 변화하여 영광에서 영광에 이르니 곧 주의 영으로 말미암음이니라"(고후 3:18).

거울을 보는 것은 자신을 알기 위해서이다. 수건을 쓰고 거울을 보는 사람이 어디 있겠는가? 그러나 유대인들은 수건을 쓰고 거울을 보니 자신들의 얼굴을 볼 수 없고, 자신을 깨닫지 못했다.

세상 사람들도 자신이 죄인인 것을 깨닫지 못한다. 마음에 가려진 수건이 있기 때문이다. 세상 영광에 심취하면 수건을 덮고 있는 것 같아서 주님의 영광을 볼 수 없다. 주님의 영광을 보면 세상의 영광은 분토만도 못한 것이 될 것이다.

베드로는 주님의 영광을 보고 거기에서 초막을 짓고 살고 싶었다. 초막에서 살아도 영광의 주님과 함께라면 세상의 영화를 누리는 것보다 더 좋은 것이다.

주님의 영광을 보아야 우리도 주님과 같은 형상으로 변화된다. 주님의 영광은 하나님의 형상이고, 말씀이 육신이 되어 오신 독생자의 영광이신 예수 그리스도이다.

영광에서 영광으로

첫 영광은 율법적 영광이고, 둘째 영광은 그리스도의 영광이다. 세상의 영광에서 머물지 않기 위해 그 영광을 가리고 예수님이 준비해 주신 천상의 영광을 바라보고 나가야겠다. 바울 사도처럼 예수님을 얻기 위해 모든 것을 배설물로 여겼으면 좋겠다.(빌 3:8)

구원받은 백성이 매일 말씀을 읽고, 말씀을 적용하는 삶을 살면 성령께서 기뻐하시고, 하나님의 영광으로 덧입게 된다.

접붙임의 은혜

◆◆◆

천년 된 예루살렘의 감람원 올리브 나무는
그루터기가 크다.
시든 가지는 꺾이고 강한 가지는 솟아난다.
열매 없는 가지는 진액을 빨아올릴 힘이 없어 시든다.
열매가 많으면 진액을 빨아올리는 힘이 강하여
가지도 튼튼하다.
뿌리에서 진액을 쏘아 올려 가지 끝까지 가는 줄 알았었다.
열매가 진액을 쭉쭉 빨아올려 가지가 사는 것이다.

캄보디아 성도들이 이 감람나무에 접붙임을 받았나.
동양의 작은 나라, 민족도 다른데
이들은 어떻게 주님의 감람나무에 접붙임을 받았나?
접붙임의 은혜가 신비롭다.

접붙임의 은혜

또한 가지 얼마가 꺾이었는데 돌감람나무인 네가
그들 중에 접붙임이 되어
참감람나무 뿌리의 진액을 함께 받는 자가 되었은즉 _롬 11:17

선교지에서는 한국 교단의 특색이 많이 없다. 교단과 관계없이 메콩강이나 바다에 나가서 침례를 주는 경우가 많다. 현지 성도들은 머리에 물을 뿌리는 약식 세례를 원하지 않는다. 그들도 예수님이 요단강에서 침례 받은 것처럼 동일한 방법으로 물에 잠기는 침례를 원한다.

성도들을 교단에 줄 세우는 것은 성경적이지 못하다. 선교의 목적은 성도들을 이스라엘의 12지파에 연결하는 것이다. 하나님은 당신을 소개하실 때 "아브라함과 이삭과 야곱의 하나님"이라고 말씀하셨다. 이 라인에 연결되지 않으면 하나님께 연결될 수 없는 것이다. 이스라엘 12지파에 연결되어 야곱에 이르고, 이삭에 이르고, 아브라함에 이르러야 하나님과 연결된다.

모든 선교지 백성들은 이스라엘의 12지파에 연결될 수 없는 이방인이고, 도저히 야곱과 이삭과 아브라함에 연결될 수 없다. 이런 백성이 어떻게 믿음의 조상 아브라함에 연결되어 택함 받은 성도가 될까? 그것이 접붙임의 원리이다. 사도 바울은 이방인들을 이스라엘의 12지파에 접붙이길 간절히 소원하였다.

접붙임

한국에는 수많은 성씨가 있고, 어느 족보에 들어있어도 한국인으로서 문제가 없다. 그러나 이스라엘에서는 아브라함의 계보에 들지 못하면 이스라엘 민족으로 받아들이지 않는다. 바벨론 포로에서 귀환할 때 640명에 이르는 사람들이 어느 계보에 속하였는지 증명할 수 없었다.

"이 사람들은 계보 중에서 자기 이름을 찾아도 찾지 못하였으므로 그들을 부정하게 여겨 제사장의 직분을 행하지 못하게 하고"(느 7:64).

아무리 귀환하는 제사장이 부족해도 소속된 지파를 찾지 못한 사람들은 직분을 행하지 못했다. 이스라엘에서 계보는 하나님과 연결된 증거를 찾아내는 것이기 때문에 매우 중요하다.

12지파의 계보의 영적 의미는 선민과 세속의 구분이고, 거룩함과 부정함의 구분이고, 구원과 타락의 구분이 된다. 그러면 이방인들은 어떻게 이스라엘 12지파에 연결되어 구원의 백성이 될 수 있을까?

"또한 가지 얼마가 꺾이었는데 돌감람나무인 네가 그들 중에 접붙임이 되어 참감람나무 뿌리의 진액을 함께 받는 자가 되었은즉"(롬 11:17).

일반적으로 접붙임이란 나쁜 품종의 원 나무를 잘라내고, 좋은 품종의 가지를 잘라서 붙이는 것이다. 원 가지를 잘라내고, 거기에 좋은 품종의 가지를 잘라 붙여서 꽁꽁 싸매면, 이식되어 좋은 열매를 맺게 된다.

돌감람나무는 산에 있는 야생 감람나무를 말한다. 참감람나무는 하나님의 동산에 있는 유일한 감람나무이다. 돌감람나무를 참감람나무에 접붙일 필요가 있을까? 참감람나무를 베고, 거기에 돌감람나무 가지를 잘라서 붙일 필요가 있을까?

돌감람나무를 참감람나무에 접붙이면 참감람나무는 잘라지고 돌감람나무 열매를 맺는다. 절대 참감람나무 열매를 맺는 것이 아니다. 돌감람나무의 열매를 원한다면 접붙일 필요 없고 그대로 야생에서 자라게 하면 되는 것이다. 굳이 접붙일 필요가 없는 것이다.

그런데 사도 바울은 돌감람나무를 참감람나무에 접붙임을 말하고 있다. 그래서 신학자들은 바울이 이 비유를 거꾸로 비유한 억지 비유라고 말한다.

그런데 팔레스타인 감람나무 접붙임에는 특이한 것이 있다. 감람나무는 열매를 맺지 못하면 진액을 빨아올리지 못하고 약해져서 죽어간다. 죽어가는 감람나무를 회생시키기 위해서는 물이 오른 야생 감람나무 가지를 접붙여서 회생시키는 것이다. 이것을 잘 알고 있는 바울은 접붙임을 잘못 이해한 것이 아니다.

뿌리의 수액이 꼭대기까지 전달되는 것은 뿌리에서 수액을 쏘아 올리는 것이 아니다. 가지의 열매가 진액을 쭉쭉 빨아올려 열매 맺는 것이다. 그러므로 가지에 열매가 없어 튼실하지 않으면 그 나무는 약해지고, 열매를 맺은 가지는 수액을 빨아올려 항상 푸르게 된다.

예수님이 기도하시던 예루살렘 감람원 동산에서 가 보았다. 여기에는 천 년이 넘은 감람나무가 있는데 이 감람나무의 특징은 뿌리의 그루터기의 둘레가 매우 크고 그루터기에 많은 가지가 솟아나는 것이 특징이다. 가지가 죽으면 다른 가지가 그루터기에서 솟아 나와서 그루터기가 죽지 않고 수천 년을 사는 것이 감람나무이다.

영적인 접붙임

예수님 믿고 구원받는 것은 영적인 접붙임이다. 아브라함의 씨에서 이삭이 나오고, 이삭에서 야곱으로 커가고, 야곱에서 12가지로 번성하여 그루터기가 되었다. 이 그루터기는 믿음의 본체이고, 이 믿음의 그루터기에 연결되어야 구원받은 백성이 된다.

"거룩한 씨가 이 땅의 그루터기니라"(사 6:13).

거룩한 씨의 그루터기는 이스라엘의 12지파이다. 이스라엘 후손이 타락하여 가지는 베임을 당하여도 그 그루터기는 남아서 다시 순을 내어 살아남았다. 이스라엘은 가나안에서 타락하여 하나님의 열매가 없는 감람나무 가지가 되었다. 하나님은 열매 없는 감람나무에서 그루터기만 남고 잘라내셨다.

북이스라엘이 우상을 숭배하자 10지파 가지들을 베어내어 앗수르에게 망하게 하였다. 남 유다의 세 지파도 타락하고 바벨론에 포로로 잡혀갔다. 70년 만에 다시 돌아왔지만 다시 타락하였고 진노하신 하나님은 400년을 침묵하시다가 예수님을 보내셨다.

예수님은 베어낸 가지에 야생에서 물오른 튼실한 감람나무

가지를 베어서 접을 붙였다. 그들이 이방 로마인 성도들이고, 이들이 초대교회 성도들이 되었다. 이방인 성도들은 야생 감람나무 가지가 참감람나무의 진액을 쭉쭉 빨아들이니 시들던 감람나무가 다시 회생되었다.

그런데 이방인 야생 감람나무 가지가 계속 열매를 잘 맺으면 좋겠는데, 그들도 교만해져서 타락해 갔다. 원 감람나무를 아끼지 않았던 하나님은 또 이 감람나무 가지도 아끼지 않고 잘라내셨다.

하나님은 열매 맺지 못하는 가지에게는 준엄하셨다. 가지를 베어내고, 또 다른 접붙임을 이어가셨다. 그랬더니 원 감람나무가 얼마나 번창하던지 유럽과 아프리카, 아메리카, 아시아를 덮어 세상에 가득하게 되었다.

이 감람나무가 올리브 나무인데, 감람유는 성전에서 그리고 식용으로 사용하고, 부의 척도가 된다.(대하 32:28) 성령의 기름을 상징하는 기름이 이 감람유이다. 성전의 등잔(촛대)에 감람유를 부어 불을 붙여서 빛을 내게 한다.

하나님은 접붙임을 통해 세상의 돌감람나무를 하나님 동산에 있는 참감람나무의 그루터기에 붙여주셨다. 이것은 세상 모든 민족에게 복음이 전파되어 확장되는 것을 의미한다.

이것은 구원의 원리이고, 약속 밖에 있는 이방인이 약속의 언약 안에 들어와 하나님의 계보가 되는 원리이다. 이렇게 이 방인이 야곱의 12지파에 연결된 성도는 야곱과 이삭과 아브라 함에게 공급하는 하나님의 약속의 말씀을 먹고 자라는 것이다. 이 말씀의 진액을 먹지 않는 성도는 접붙임 받았을지라도 고사되어 죽는 것이다.

부름 받음은 접붙임을 받은 자

접붙임을 받은 성도는 출애굽된 성도와 같이 부름 받은 성도이다. 그러나 이스라엘 백성들은 교만하여 말씀의 진액을 먹지 않아서 꺾였다. 이것은 우리에게 거울이니, 우리도 높은 마음을 품지 말아야 한다.(롬 11:20) 높은 마음은 사탄이 하나님하고 견주려 했던 교만한 마음이다.

지난 코로나 기간을 거치면서 세계 교회는 급히 내리막길을 가고 있다. 이것은 이방인 신자들의 꺾여짐으로 다시 유대인들이 접붙임을 받기 위한 지극히 종말적 현상이고, 주님의 재림을 암시하는 것이다.

"… 이방인의 충만한 수가 들어오기까지 이스라엘의 더러는 우둔하게 된 것이라"(롬 11:25).

예정된 이방인 성도가 채워지면 다시 복음이 이스라엘로 들어가 다시 이스라엘이 구원을 받을 것이다.(롬 11:26) 이것은 이스라엘이 회개하고 돌아와 다시 접붙임을 받는 것이다. 구원받은 이방인의 충만한 수가 채워 가기 때문에 이스라엘에 메시아닉 교회가 세워지고 돌아와 구원받은 성도가 증가하고 있다.

우리는 접붙임 받은 사람임을 잊지 말아야 한다. 우리도 교만하여 말씀에서 벗어나면 이스라엘 백성들처럼 잘려나가는 것이다. 하나님의 동산에서 말씀의 진액을 먹고살아야 한다.

주님의 계명인 말씀을 지켜 행함이 없으면서 외치는 기도는 응답되지 않는다. 말씀을 행하여 택함 받은 성도는 무엇이든지 구하는 바를 받는다고 했다. 그는 말씀 속에 있는 모든 것을 구해서 하나님께 영광 돌리는 성도이고, 단단하게 접붙임 받은 하나님의 자녀이다.

다윗 영성의 비밀

◆ ◆ ◆

광야 속의 수도원이다.
광야에도 물이 있고 때로 시내도 있다.
이스라엘에서는 항상 흐르는 물은 강이라고 한다.
예레미야는 유브라데 물가에 허리띠를 감췄다.
아마도 유브라데 강 근원이 이스라엘에 있나 보다.

다윗이 공부했던 광야 속 라마 나욧의 모습은 어떠했을까.
광야(미드바르)는 말씀에 어원을 근거하며
말씀이 임하는 곳이라는 의미이다.
이스라엘 광야의 의미는 어찌 이리 아름다운가.
여기에서 다윗은 하나님을 만나고 왕이 되었다.
광야에서 하나님 만나지 않고는
인생의 승리를 장담할 수 없다.

다윗 영성의 비밀

다윗이 도피하여 라마로 가서 사무엘에게로 나아가서
사울이 자기에게 행한 일을 다 전하였고
다윗과 사무엘이 나욧으로 가서 살았더라 _삼상 19:18

캄보디아 지도급 목회자들을 보면 흉내를 잘 내는 것 같다. 선교사처럼 여러 교회 목회자들을 모으고, 그 교회들을 자기 수하에 놓고 거느리는 것을 좋아한다. 먼저 말씀과 영성이 있어야 하는데 머리가 되고 대중 앞에 서는 것을 좋아하니 앞으로 교회의 미래가 걱정된다.

어느 선교학자가 강의하기를 한국에서 선교가 성공한 것은 선교사가 한국에 들어온 지 27년 만에 신학교가 세워진 것이라고 했다. 27년 동안 선교사들이 제자들을 가르쳐 복음의 저변이 확장되었다. 성도 중에서 헌신된 사람이 신학교에 입학하는데 그 문이 좁았다. 신학교를 졸업하고 목회자가 되는 것은 더 좁은 문이었다고 했다. 이렇게 어렵게 통과한 목회자에 의해서 교회가 세워지니 기초가 든든했고 큰 부흥을 이루었다.

안타깝게도 캄보디아에서는 선교사가 들어오면서 신학교도 같이 문을 열었으니 기가 막히다. 당연히 신학생들은 성경 한 번 읽지 않고 신학교를 갔다. 초신자가 신학교에 간 것이다. 이렇게 무자격 신학교가 무자격 목회자를 산출해 내니 중간에 전업(?)하는 목회자가 많고 빈 교회가 많다.

성경을 읽으면서 신비한 사람들을 만난다. 첫째는 아브라함이다. 이분은 어떻게 하나님의 부름을 받고 믿음의 조상이 되었을까? 둘째는 다윗이다. 광야에서 사자와 곰으로부터 양들을 지키던 목동이 어떻게 시편 150편 중에 절반가량을 지었을까? 그는 어떻게 이스라엘의 영도자가 되고 성군이 되었고 예수님이 그의 후손으로 오셨을까?

아브라함의 비하인드 스토리를 알면 그가 어느 날 갑자기 위대한 믿음의 조상으로 택해지지 않았다는 것을 알게 된다. 연대를 조사해 보면 노아가 죽었을 때 아브라함의 나이는 58세였다. 야살의 책에 보면 아브라함은 노아와 그의 후손 셈과 에벨과 오랜 시간 교류를 하며 하나님에 대한 믿음을 전수받았다. 아브라함의 믿음이 하늘에서 뚝 떨어진 것이 아닌 것이다.

다윗의 비하인드 스토리는 성경에 정확히 기록되어 있다. 사무엘상 19:18-27:12은 다윗의 시련과 도피생활에 대하여 기록하고 있다. 다윗의 도피생활은 BC 1020~1010년까지 약 10년간이다. 3기로 나눌 수 있는데, 제1기는 라마 나욧에서 헤렛 수풀에 이르기까지 3년간(19:18-22:23), 2기는 그릴라에서 십 황무지까지 3년간(23:1-26:25), 3기는 블레셋으로 망명하였던 4년간이다.(27:1~12)

다윗의 선지학교 입학

다윗이 사울 왕을 피해서 고향 자기 집으로 도망하지 않고, 라마로 갔다. 라마는 일찍이 자신에게 기름 부은 사무엘 선지자가 있는 곳이다. 라마는 사무엘의 고향이고, 사울과 헤어진 후에 그가 고향 라마에서 나욧을 운영하고 있었다. '나욧'은 '거주지'라는 의미로 '기숙사'이다. 라마의 나욧은 사무엘의 선지학교였다. 여기에서 다윗은 사무엘과 3년을 같이 있게 된다.

예수님은 제자들을 3년간 훈련시키셨다. 사도 바울도 광야에서 3년 동안 있으면서 성령께 훈련을 받았다. 다윗도 말씀 훈련의 과정을 밟았다.

"다윗과 사무엘이 나욧으로 가서 살았더라"(삼상 19:18).

이것은 다윗이 선지학교에서 선지자 훈련을 다 받았다는 의미이다. 율법을 배우고, 말씀을 배우고, 기도를 했다. 그러기에

사도행전에서 다윗을 선지자라고 했다.(행 2:30)

사무엘은 일찍이 다윗을 차기 왕으로 기름 부었다.(삼상 16:13) 그러나 그때 다윗은 하나님의 말씀을 배우지 못한 청년 목동일 뿐이었다. 성경은 성령의 감동으로 써졌지만, 하나님은 준비 안 된 사람을 사용하시지 않는다. 무식한 목동 다윗에게 성령이 임하여 시편의 절반을 쓰지는 않는 것이다. 다윗이 글을 쓸 줄 알고 학문을 하였으니, 하나님의 영감이 임했고 말씀을 기록하게 한 것이다.

모세가 애굽에서 학문에 통달하여 말씀을 기록하는 능력이 있으니 하나님이 말씀을 주어 기록하게 하였다. 바울도 당대 최고의 가말리엘 학파에서 학문했고, 성경 지식과 헬라어에 정통하니, 택함 받아 신약성경의 절반가량을 기록하게 하였다.

하나님께서 다윗을 준비시키기 위해 선지학교에 입학시켰다. 다윗은 사울 왕을 피해 광야에서 10년을 보내며 말씀을 따라 행하는 연단의 시간을 통해 강인한 하나님의 사람으로 만들어졌다.

다윗은 말씀을 행하는데 중점을 둔 것 같다. 쉽게 이루려고 하지 않고 하나님의 시간을 기다릴 줄 알았다. 사울 왕을 두 번이나 죽일 기회가 있었지만, 첫 번째는 물병만 가져오는 것으로, 두 번째는 왕의 옷만 조금 베는 것으로 대신했다. 왕의 옷을 베는 것만으로도 마음에 찔려 괴로워했다.(삼상 24:5) 나단이 하나님의 말씀을 전하며 밧세바와 동침하고, 그의 남편을 죽인 것을 책망하자, 왕인 다윗은 분노하지 않고 무릎 꿇고 눈물을 흘리며 회개했다.

이러한 것은 다윗이 광야 나욧의 사무엘 선지학교에서 하나님의 말씀을 전문적으로 공부하며 훈련을 받았기 때문이다. 이스라엘에서 이런 훈련을 받은 왕은 다윗이 유일하다. 그러므로 다윗은 흠이 많았음에도 최고의 왕이 될 수 있었다. 말씀 훈련 없이 하나님의 택함을 받을 수 없다. 말씀 훈련을 통해, 말씀을 행하는 것이, '공의'를 이루는 것이 됨을 잊지 않아야 한다.

아브라함, 이삭, 야곱 삼대가 같이 광야의 장막에 거한 것은 큰 의미가 있다.

"믿음으로 그가 이방의 땅에 있는 것 같이 약속의 땅에 거류하여 동일한 약속을 유업으로 함께 받은 이삭 및 야곱과 더불어 장막에 거하였으니"(히 11:9).

이것은 먼저 부름 받은 믿음의 조상 아브라함이 약속의 말씀을 아들 이삭에게 가르쳤고, 손자 야곱에게 전수하는 것이다. 아브라함이 죽을 때 야곱은 15세였으니, 야곱은 아브라함과 추억이 있었다. 최고의 교육은 일대일 교육이라고 한다. 삼대가 광야에서 말씀을 가르치고 확인하니 그 집안은 신앙의 그루터기가 되는 것이다.

성령으로 충만한 나욧 선지학교

사무엘의 선지학교는 다윗이 입교함으로 성령충만한 큰 바람이 불었다. 누구든지 거기에 오면 성령의 역사로 무너지는 것이다.

3년 후 다윗이 신학교를 마칠 때쯤, 다윗이 라마 나욧에 있다는 소문이 사울 왕에게까지 전달된다. 당연히 사울 왕이 다윗을 잡으러 전령들을 보낸다. 전령들이 세 번째까지 와서 다윗을 잡으려 하는데 그들에게 하나님의 영이 임하여 예언한다.(삼상 19:20) 네 번째는 사울 왕이 친히 와서 사무엘과 다윗을 잡으러 왔다가 라마에 도착하고부터 하나님의 영이 임하여 옷을 벗고 예인힌디.(심상 19:23)

이 모든 것을 다윗도 보았고, 이때 다윗은 라마 나욧을 빠져나간다. 선지학교를 졸업하고 하산하는 것이다. 이때부터 다윗은 사무엘을 떠나 홀로서기를 한다. 많은 사람들이 다윗의 소식을 듣고 전국에서 400여 명이 모여들고 계속 늘어나 600여명이 된다. 다윗은 이들을 먹여 살리며 어디를 가든지 담대하고, 전쟁에서 한 번도 패하지 않았다. 이것은 나욧 선지학교에서 배운 말씀을 따라 행하는 행진이기 때문이다.

시편 150편 중에 다윗의 시가 73편인데, 거기에는 감사, 회개, 승리, 메시야의 예언 등이 가득하다. 다윗이 왕이 된 것이 중요한 것이 아니다. 그가 고난의 10년에 대하여 하나님을 체험하는 글을 남긴 것이 중요한 것이다. 하나님은 다윗을 통해 예언하고, 그 예언이 메시야가 오시는 길이 되게 하셨다.

성도의 광야학교

나는 광야 같은 캄보디아에서 30년을 선교사로 보낸 것에 참으로 감사하다. 여기에서 말씀이 이루어지는 것을 보고 배웠다. 말씀을 광야에서 받는 것과 젖과 꿀이 흐르는 가나안에서 받는 것은 전혀 다른 의미이다. 말씀에 대한 체험이 다르기 때문이다.

우리 삶의 광야 길이 예수님과 동행하는 행보이다. 주님의 뜻을 이루는 하나님의 길이 되어야 한다. 하나님 말씀의 길을 걷지 않으면, 하나님이 우리와 함께 하는 길이 될 수 없다. 하나님 앞에 설 때에 하나님의 길을 걸어온 성도는 다윗 왕과 같은 영광스러움이 가득 차게 될 것이다.

다윗은 라마 나욧에서 3년 동안 말씀을 매일 묵상하고 읽고 기도하며 행하였다. 여기서 얻은 놀라운 말씀의 영성은 다가오는 모든 환난을 승리하게 되고, 이스라엘의 왕 위에 오르게 된다. 다윗의 승리는 말씀의 승리였다.

우리가 작심하고 광야학교에 입학하면 좋겠다. 광야는 말씀이 임하는 곳이라는 문자적 의미가 있으니 그곳은 성경이다.

3년간 말씀을 매일 읽고 묵상하고 말씀의 삶을 적용하면, 우리는 어느덧 말씀에 체질화되어 다가오는 어떤 환난도 이기고 주의 재림을 사모하는 아름다운 주님의 신부가 되어 있음을 발견하게 될 것이다.

초림을 보고 재림을 안다

◆ ◆ ◆

서쪽 저녁 하늘이 붉어 온다.
내일 날씨가 좋을 것이다.
항상 날씨가 좋으면 좋겠다.

예전에 저녁 석양이 붉어올 때 서쪽 하늘을 바라보았다.
내가 가야 할 선교지가 서쪽에 있었다.
그곳을 바라보면 희망에 부풀고 가슴이 두근두근했다.

그런데 지금은 마음에 부담이 있고
걱정이 되는 것은 무엇일까?
지금은 사십 년 전 서쪽 하늘 붉은 노을이 아니다.
모든 것이 천지개벽 수준으로 바뀌고 있다.
내일 날씨는 큰 폭풍우가 올 것 같다.

초림을 보고 재림을 안다

헤롯 왕 때에 예수께서 유대 베들레헴에서 나시매
동방으로부터 박사들이 예루살렘에 이르러 말하되
유대인의 왕으로 나신 이가 어디 계시냐 우리가 동방에서
그의 별을 보고 그에게 경배하러 왔노라 하니 _마 2:1,2

    캄보디아의 밤하늘은 참으로 아름답다. 밤하늘의 별과 은하수가 쏟아질 듯한다. 한 번은 시골에서 이 밤하늘을 감상하며 취해 있는데, 갑자기 저 쪽에서 하얀 옷을 펄럭이면서 오는 무엇이 보였다. 머리를 내리고 하얀 옷을 입은 여자가 손을 펴서 나비처럼 펄럭이며 오는 것이었다. 그런데 이런 것을 보고도 기겁하지 않는 나 자신이 신기했다.
    아침에 지난밤의 이야기를 했더니 제자들이 웃으면서 밤마다 다니는 정신이 온전하지 않은 소녀라고 하였다. 캄보디아에서 귀신 들린 사람들을 많이 본다. 시골일수록 우상숭배와 각종 귀신들에 대한 이야기가 많다. 이런 곳에서는 복음도 전

통신앙과 섞이는 경우가 많다.

헤롯왕 시대

예수님이 오실 때는 "고요한 밤 거룩한 밤"이 아니었다. 우상숭배와 제사장들의 변질된 메시지가 많았고, 사회적으로 헤롯왕의 혹독한 통치가 있었다. 이런 환경 가운데 끔찍한 유아학살이 기다리고 있었으니 캄캄한 밤, 무서운 밤을 예고하고 있었다. 주님의 재림 때도 이와 같을 것이라는 것은 모두가 다 안다.

헤롯왕을 일컬어 '헤롯대왕'이라고 한다. 그는 형제들과 왕비와 자녀들을 죽였고, 왕위에 대한 집착이 거의 정신병자 수준이었는데 대왕이라는 칭호가 무색하다. 역사가들은 왕들의 인성 하고는 관계없이 업적이 많으면 대왕이라고 칭한다.

헤롯은 가버나움, 가이사랴 빌립보 등 신도시와 대규모 토목공사를 일으켰고, 예루살렘 성전도 증축하여 화려하게 단장한다. 백성들은 헤롯의 이런 공사에 동원되어 얼마나 많은 고통을 당했겠는가? 알렉산더나 징키스칸 때도 많은 나라가 정복당하고, 수많은 백성들이 동원되고 희생된다. 그러나 역사는 그들의 정복사업을 위대하게 평가하여 대왕의 칭호를 준다. 그 속에서 당하는 백성들의 고통과 죽음은 상관하지 않는다.

하나님은 이런 백성들의 신음소리를 들으셨다. 애굽에서 이스라엘 백성들의 고통 소리를 들으시고, 모세를 보내셨듯이 하나님은 마지막 구원자 예수님을 보내셨다. 모세는 율법을 받은 선지자이고, 예수님은 율법에 예언된 대로 오신 하나님의 아들이었다. 주님이 오실 때도 모세의 시대와 같이 백성들의 삶은 처참한 죄악의 한밤중이었다.

동방 박사

성경에서 예언된 하나님의 아들이 오시는 것을 알고 예루살렘을 찾은 사람들은 제사장이나 서기관이나 선지자도 아니다. 먼 나라 동방에서 온 박사들이다.

"헤롯 왕 때에 예수께서 유대 베들레헴에서 나시매 동방으로부터 박사들이 예루살렘에 이르러 말하되"(마 2:1).

동방 박사들이 유대인의 왕이 오신 이에게 경배하러 왔다고 하자 예루살렘에 대소동이 벌어진다.(마 2:2,3) 동방 박사 사건은 이스라엘의 제사장과 서기관들의 자존심을 심히 상하게 한 사건일 것이다. 성경을 연구하는 자신이 아니고, 먼 이방 땅 학자들이 와서 알려주니 말이다.

우리는 동방 박사들을 미화시키지 말고 사실대로 알아야 한다. '박사'라고 번역된 헬라어 '마고스'는 '마술사 또는 점성술사'이다. 느부갓네살의 꿈 해석에 동원된 박수와 술객들이 '마고스'인 점성술사이다. 이들은 하늘의 별자리를 연구하고 그 움직임을 찾아서 점을 치고, 왕에게 조언하였다.

이 점성술사들은 별을 연구하고 별마다 신들의 이름을 붙였다. 그 별자리들이 신화에 나오는 신들의 이름이다. 하나님께서는 이런 것들을 철저히 금하셨다.

"… 다른 신들을 섬겨 그것에게 절하며 내가 명령하지 아니한 일월성신에게 절한다 하자 너는 그 악을 행한 남자나 여자를 네 성문으로 끌어내고 그 남자나 여자를 돌로 쳐 죽이되"(신 17:4,5).

일월성신을 섬기고 따르는 것은 돌로 쳐 죽임 당할 죄악이었다. 이스라엘과 유다가 망할 때는 별들을 우상으로 섬기는 것이 극에 달할 때였다.(습 1:5,6) 그런데 동방에서 별을 연구하는 박사들이 별을 따라 예루살렘에 찾아왔던 것이다. 이것은 율법대로 하면 하나님의 진노로 죽임을 당할 일이었지 존경하고 따를 일들이 아닌 것이다.

그들이 어떻게 유대인의 왕으로 오신 예수님을 알고 예루살렘을 찾아왔을까? 그들은 별의 운행을 연구하다가 평소보다 다른 별의 경로를 보고 이상한 징조를 깨달았다. '왕의 별'이라고 하는 '목성'은 지구와 공전주기의 차이로 역행하는 것처럼 보이는 때가 있다. 목성의 역행의 착시는 13개월마다 발생하고, 4개월간 계속된다.

아마도 성경에 정통한 것을 볼 때, 동방 박사들은 바벨론 포로에서 돌아오지 않은 유대인들이었을 것이다. 그들은 율법을 바벨론 학문과 결합시켜 연구하는 유대인 점성술사일 가능성이 많다.

그들은 유대인의 왕으로 나신 이를 찾는다. 그의 별을 보고 왔다고 했다.(마 2:2) 이것은 예수님을 하늘의 많은 별자리 신들 중 하나로 여기는 것이다. "예수님의 별"은 없다.

그들은 목성이 역행하는 기간 동안에 유대로 왔다. 왕이 대제사장들과 서기관을 소집하여 그분이 탄생할 곳을 묻고 베들레헴이라는 것을 알게 된다. 왕이 박사들을 베들레헴으로 보냈는데 베들레헴에 이르자 별이 멈췄다.(마 2:9) 목성이 역행을 멈추고 순행이 시작된 것이다. 과학적으로 기가 막힌 일치이다.

성경보다 세속 학문

말세가 되면 사람들이 성경보다 과학이나 세상 예언을 더 잘 믿는다. 주님의 초림 때도 성경적 근거도 없이 별을 따라왔고, 동방 박사들의 이야기를 진리처럼 믿었다. 오늘날에도 일부 사람들이 주님의 재림을 해, 달, 별로 연구하여 점치는 잘못을 범하고 있다.

별로서 예수님 탄생을 알려준 동방 박사는 마고스(점쟁이, 점성술사)라고 성경이 분명히 가르쳐 주고 있다. 점쟁이나 점성가가 예수님에 대해 증거 했는데, 대제사장이나 서기관들이 믿고 소동하였으니 얼마나 기가 막힌 것인가? 말세로 갈수록 이런 영적 무지는 더욱 심해질 것이다.

다시 일어날 소동

헤롯은 자기의 왕위가 무너질 것 때문에 두려웠을 것이다. 그렇다면 고통당하는 백성들은 환영하고 기뻐해야 했을 것이다. 그러나 백성들도 주님을 맞을 준비가 되어 있지 않아서 모두 두려워 큰 소동이 일어났다.

어느 시대이든지 구원받지 못하고 천국 갈 준비가 되지 않은 사람들에게는 예수님의 재림은 큰 두려움이다. 마지막 시대도 주님의 초림 때와 같이 강력한 독재자가 출현할 것이다.

"내가 보니 바다에서 한 짐승이 나오는데 뿔이 열이요 머리가 일곱이라 그 뿔에는 열 왕관이 있고 그 머리들에는 신성 모독 하는 이름들이 있더라"(계 13:1).

이것은 마지막 때 하나님을 대적하는 적그리스도의 출현이다. 바다는 세상을 의미하고, 짐승은 강력한 독재자를 뜻한다.

세상은 하나의 세계, 하나의 나라로 묶이고 있다. 하나의 경제권, 하나의 정치권, 하나의 세상을 향하여 가고 있다. 이것은 하나의 세상을 다스릴 강력한 독재자를 예고하는 것이다.

날로 세상은 하나님에게서 멀어지고, 지도자들이나 성도들은 하나님 말씀에서 벗어나고 있다. 예수님이 초림 하실 때 대제사장들을 로마 총독이 임명했다. 레위지파인 아론의 후손에서 나오는 것이 아니고, 많은 뇌물을 바치면 타 지파도 대제사장직을 받을 수 있었다. 그들은 그 돈을 회수해야 했으니 성전에서 제물을 팔고, 고액의 환전 수수료를 챙기는 종교 비즈니스를 했다.(눅 19:46)

불행하게도 말세에도 동일하게 종교가 정치의 하수인이 되어 타락의 극에 이를 것이다. 교회가 세속적 권력과 결탁하여 말씀의 권위와 능력을 상실하게 될 것이다. 성도는 철저히 세상 권력을 감시하고 순교할 생각으로 말씀을 지켜야 한다.

교회와 성도는 말씀에 눈을 뜨고 말씀을 행해야 성령께서 임하시는 것이다. 말씀을 행하지 않고 세속적으로 행하는 데 성령께서 임하실 수 없다. 성령과 동행할 때 영적으로 예민해지고 주님을 맞이할 수 있는 것이다.

교회가 말씀 지키는 것에 무관심하면 재앙이 온다. 주님의 초림은 유대인들이 말씀에 대해 무관심할 때에 오셨다. 지금의 세상은 초림의 분위기를 그대로 재현하고 있다.

　지금은 주님의 초림 때의 소동과 두려움은 비교가 안 될 정도로 혼란이 가중되고 있다. 동성애가 만연하고, 교회가 허물어지고, 인구절벽이 보편화되고 있다. 여기에 경제와 전쟁과 자연재해는 쉼 없이 발생하니 확실히 종말을 준비하라는 말씀의 경고이다. 말씀으로 돌아와 깨어 있어야 주님의 재림을 준비할 수 있다.

당신이 성전입니다

◆ ◆ ◆

세계 7대 불가사의에 들어간다고 자랑하는 앙코르 와트는
수많은 신들로 가득한 귀신의 소굴이다.
전쟁의 신, 파괴의 신, 음행의 신,
창조의 신, 창조를 유지하는 신….
무지한 백성들이 이들을 위해 최고의 신전을 지어서 바쳤다.
신들의 수만큼 많은 신전이 있다.
최고의 신전 앙코르 와트는 많은 사원 중 하나이다.

하나님의 성전은 예루살렘 하나이다.
하나님의 성전에는 아무나 들어갈 수 없다.
성전을 더럽히면 죽음을 면할 수 없다.
예수님이 성전이고 나도 성전이다.
주님을 모시는 성전이 우리 안에 있다.

당신이 성전입니다

너희는 너희가 하나님의 성전인 것과
하나님의 성령이 너희 안에 계시는 것을 알지 못하느냐 _고전 3:16

    캄보디아 사람들은 절 짓는 것을 좋아한다. 거의 모든 동네에 절이 다 있고 절을 짓는데 헌납한 사람들의 이름을 담장 둘레에 빼곡히 새겨놓았다. 절은 잘 지어서 헌납하면 최고의 믿음이 있는 것으로 여긴다. 이런 것은 동서양을 막론하고 기독교인들도 그런 것 같다. 유럽에 보면 수백 년 동안 아름답게 지어진 교회가 많다.

    그런데 막상 이스라엘을 보면 광야시대에도 성막이 하나밖에 없었고, 가나안 시대에도 예루살렘 성전 하나밖에 없었다. 성전은 오직 예수님이고, 예수님도 한 분이시니 성전도 하나인 것이다. 그러므로 수많은 교회는 성전이 아닌 예배하는 예배당이다.

보이는 성전

최초의 성전은 성막이었다. 성막은 폭 25m, 길이 50m, 높이가 2.3m인 성막은 교회와 같이 모여 예배하는 곳이 아니고 제사하는 곳이었다. 가나안 시대에는 이동할 필요가 없으니 성전을 건물로 지었다.

성전에도 성막과 같이 번제단이 있고, 물두멍이 있고, 이어서 성소가 있고, 지성소가 있다. 제사장이 예복을 입고, 번제단에서 제물을 바치고, 물로 씻어 거룩하게 하고, 성소에 들어가 일곱 등대가 비추는 떡을 먹고, 분향단에서 기도하고, 지성소에 들어가 하나님을 만난다. 이것은 보이는 성전이 가르쳐 주는 하나님을 만나는 방법이다.

사람은 예수 믿어 죄사함 받고, 말씀으로 죄를 씻고, 하나님 만나야 힌다. 번제단에서 예수님으로 시작하는 사람이 되어야 한다.

"다른 터를 닦아 둘 자가 없으니 이 터는 곧 예수 그리스도라"(고전 3:11).

이 말씀은 성도가 오직 예수님 위에 인생의 집을 지어야 한다는 것이다. 우리의 인생이 예수 그리스도 위에 세워지면 결코 무너짐이 없고 어떠한 환난에서도 안전하게 된다.

참 성전

예수님의 터 위에 무엇으로 성전을 지어야 할까? 하나님은 불로 시험하시는데, 불타면 해를 받고 그대로 있으면 상을 받게 된다.(고전 3:12) 금이나 은이나 보석은 타지 않는 영구한 집이다. 금은보석으로 집을 지은 것은 오랫동안 값지게 지은 것이고, 나무 풀 짚으로 지은 것은 쉽게 값없이 지은 집이다.

금은보석으로 지은 집은 귀한 하나님의 말씀으로 지은 것을 뜻한다. 나무 풀 짚으로 지은 집은 세상에 널려 있는 세속적 이론으로 지은 집이다. 세상의 방법으로 지어진 인생은 모두 타 버리겠지만, 말씀을 따라 지은 인생은 금은보화로 지은 집과 같이 영광의 빛이 나게 된다.

왜 이스라엘 백성들은 열심히 하나님을 섬겼지만 하나님께서 분노하셨는지 알아야 한다.

"너희가 내 앞에 보이러 오니 이것을 누가 너희에게 요구하였느냐 내 마당만 밟을 뿐이니라"(사 1:12).

"내 마당만 밟을 뿐"이라는 것은 번제단에서 제물만 바치고 돌아가는 예배이다. 이스라엘 백성들은 성전 마당에서는 번제물만 드리고 돌아간다. 하나님을 만나려면 물두멍을 통과하고, 성소에 들어가서 일곱 등잔을 켜고, 떡을 먹고, 기도해야 지성소에 들어가서 하나님을 만날 수 있는 것이다. 그런데 이 것을 집전하는 것은 제사장이고 일반 백성들은 할 수 없는 것이다. 성전의 제단에서 제물만 드리고 돌아가는 것이 어찌 보면 당연한 일이다.

구약 성경을 자세히 보면 성도가 따라 행해야 할 것과 따라 행하지 말아야 할 것을 보여준다. 따라 행하면 안 되는 예시가 더 많이 있다. 일부다처, 아브라함과 다윗의 실수, 이스라엘 백성들의 제사와 타락 등 수많은 예시가 있다. 그것을 신약 시대 교회가 따라 행하면 안 되는 것이다.

참 예배

하나님은 신약 성도들에게 마당에서 끝나는 예배를 드리지 말라고 하신 것이지 실패한 제사처럼 행하라는 것이 아니다. 마당에서 끝나는 예배는 헛된 제물이고, 가증히 여기는 것이고 성회와 아울러 악을 행하는 것이다.(사 1:13)

오늘날도 성도들이 구약식 예배를 드리는 것을 많이 본다. 교회 생활을 잘하고, 헌금도 열심히 하고, 모임도 참여하지만, 말씀을 행함으로 하나님을 만나는 것이 없으니 하나님께 악을 행하는 것과 같다.

구약의 백성들은 성전의 마당에서 기다렸다. 마당에서 죄사함을 받고, 제사장이 자신을 대신해서 지성소에 들어가서 하나님 만나고 나올 때까지 기다린다. 이것은 하나님을 간접적으로 만나는 것이다.

우리가 이런 예배를 드린다고 생각해 보라. 예수님의 죽으심으로 왕 같은 제사장이 되었으니 대제사장처럼 지성소까지 들어가는 예배를 드려야 참 예배를 한 것이다. 그렇지 못하면 부름은 받았지만, 택함이 없는 신앙이고, 하나님을 만나지 못하게 된다.

하나님을 만나지 못하는 신앙생활도 얼마든지 세상에서 크고 화려하게 성공할 수 있다. 그러나 말씀을 행하여 하나님을 만나는 삶이 아니면, 하나님 앞에서 가증하여 천국 문턱에서 미끄러지는 것이다. 이것이 나무나 풀이나 짚으로 지은 집이고 홍수에 무너지고 불에 태워지는 집을 지은 것이다.

번제단에서 어린 양을 잡아서 죄사함을 받은 것이다. 그러나 거기에서 끝나면 성전의 마당만 밟는 것이 되고, 예수님이 헛되이 죽으신 것이 된다.

산 제물

예수님을 믿는 것은 자신도 같이 죽어 제물이 되는 것이다.

"… 우리의 옛사람이 예수와 함께 십자가에 못 박힌 것은 …"(롬 6:6).

성도는 예수님과 함께 십자가에 죽어서 하나님께 드려진 제물이다. 그래서 사도 바울은 "너희 몸을 하나님이 기뻐하시는 거룩한 산 제물로 드리라" 하였다.(롬 12:1)

주님이 승천하시고, 오순절에 홀연히 하늘로부터 급하고 강한 바람 같은 소리가 온 집에 가득하며 불이 혀처럼 갈라져 각 사람 위에 하나씩 임하셨다.(행 2:1-4) 그 성도들이 모두 하나님께 드려진 제물이 되었기에 성령이 임하신 것이다.

하나님의 불이 임하는 곳은 제물 위이다. 아브라함이 제물을 드릴 때 하나님의 불이 지나갔고, 갈멜산에서 엘리야가 드린 제물에 불이 임했다. 우리가 제물이 되지 않으면 성령이 임하지 않는다. 성도가 죽는다는 의미는 하나님의 말씀 앞에서 죽는다는 것이다.

사도바울은 "나는 날마다 죽노라"고 하였고 이것이 자신의 자랑이라고 하였다.(고전 15:31) 말씀 앞에 죽을 때 성령의 불이 임하시니 이것이 자랑이 되지 않을 수 없는 것이다. 말씀 앞에서 우리의 육은 죽고 영으로 살아나는 것이다. 그 위에 성령이 임하여 우리는 하나님의 전이 된다.

하나님의 지성소

구약의 성전은 "하늘에 있는 것의 모형과 그림자라"(히 8:5). 모세가 성소의 장막을 지은 것은 다가올 진짜 성전을 나타내기 위함이다. 그 성전에 대한 실체는 예수님의 몸이다. 그래서 예수님이 "이 성전을 헐라" 하셨는데, 그것은 "성전된 자기 육체를 가리켜 말씀하신 것이라"고 하셨다.(요 2:21)

진짜 성전이 오셨으니 모형 성전은 허물라는 것이다. 그래서 신약에 와서는 모형의 성전은 없다. 더 이상 짐승을 잡아서 제사를 드리지 않는다. 예수님을 믿음으로 단번에 구원을 받았으니, 또다시 드려야 할 제사가 없는 것이다.(히 10:26)

예수님이 성전의 본체가 되시고, 성도는 예수님과 연결되어 성전이 되었다.(고전 3:16) 여기에서 성전이라는 것은 지성소를 가리킨다. 지성소 위에 하나님의 불기둥, 구름기둥이 임했다.

성도는 하나님의 성령이 임하시는 지성소가 된다. 지성소는 모형으로도 거룩한데, 성도의 몸은 실체이니 얼마나 거룩해야 하겠는가? 이곳을 더럽히면 하나님이 진노하시고 멸하신다고 하셨다.(고전 3:17)

이스라엘 백성들은 하나님의 성전을 거룩하게 여겼지만, 자신들이 거룩함을 이루어야 하는 존재임을 몰랐다. 자신들이 성전의 지성소임을 몰랐기 때문이다.

성도는 지극히 거룩한 영적 존재이며 성령이 임하는 곳이다. 성도의 몸을 더럽히면 지성소를 더럽힌 것과 같은 것이다. 지성소를 더럽힌다는 것은 성도의 몸을 타락시킨다는 의미이다. 마음의 지성소에 음란과 욕심 등 세상의 죄로 더럽혀져서는 안 된다.

구약의 백성들은 매일 지성소에 들어갈 수 없었다. 대제사장조차 지성소는 매일 들어갈 수 없을 만큼 거룩한 곳이었다. 그러나 예수님이 죽으실 때 성소와 지성소의 막힌 휘장이 갈라짐으로 신약의 백성인 성도는 매일매일 지성소에까지 들어가서 하나님을 만나는 것이 허락되었다.

주기도문에서와 같이 말씀을 양식으로 먹고, 그 위에 성령께서 임하시고, 말씀을 이루기 위해 기도하는 성도가 되면 그는 지성소에서 하나님을 만난다. 이 얼마나 거룩하고 택함 받은 예수님의 신부들인가!

일과 예배

◆ ◆ ◆

캄보디아는 물만 있으면 이모작도 가능하다.
육체로 일해야 하니 농부들은 고생이 많을 것이다.
캄보디아에서는 육체로 일을 하는 사람들을 존경하지 않는다.
그러면서도 그들이 땀 흘려 만든 것을 먹고 산다.

이스라엘은 일하는 장인을 존경한다.
모든 국민이 한 가지 기술을 갖는다.
그래서 바울도 천막 짓는 기술이 있었다.
바울이 만드는 천막은 최고의 작품이었을 것 같다.
토라에서 일은 곧 예배이다.
바울도 일을 예배처럼 했을 것이다.

일과 예배

예수께서 그들에게 이르시되
내 아버지께서 이제까지 일하시니 나도 일한다 하시매 _요 5:17

　선교하면서 가장 힘든 것은 성도들이 말씀으로 변화되지 못하는 것이다. 구원받은 성도들은 많지만, 여전히 세상의 삶을 그대로 살아가는 교인도 많다. 그들이 주일 예배는 잘 참여하지만 생활 속에 들어가서는 거짓말하고 이기적이고 시기 질투가 여전하다.
　벼는 익을수록 머리를 숙이는데, 신자들은 믿을수록 겸손한 사람을 보기 어렵다. 이런 신앙은 예수님을 믿어도 세속으로 빠지며 결국에는 믿음이 파선하게 된다.
　정말 힘들었던 것은 교회를 개척했던 목회자가 그런 삶을 사는 것이다. 그래도 이런 이유로 제자 목회자를 한 번도 해고

하지는 않았다. 이런 이유로 제자를 해고한다면 나는 하나님 앞에서 백번도 더 파면당했을 것이다. 부단히 용서하고 가르치고 다시 기회를 주어서 같이 세워져 가야 하는 것이 나의 일이었다.

지금까지 현장에 남아 있는 제자 목회자들도 동일한 문제가 많았지만, 다른 점은 넘어졌다가 다시 일어서는 과정을 반복하며 굳건해진 것이다. 말씀으로 세워지는 것은 쉽지 않다. 선교사나 현지 제자 목회자나 다르지 않다. 넘어지지만 다시 세워지는 것이 중요하다.

나는 코로나19 전까지는 교회 부흥과 예배에 집중시키는 선교를 한 것 같다. 주일에 성도가 많이 오면 좋아했고, 새로운 교회가 세워지면 좋아했다. 그러다가 코로나로 교회의 문이 닫히고, 모일 수도 없고 부흥할 수도 없었다. 있던 성도들도 떨어져 나가기 시작했다. 왜 이러한 일이 우리에게 일어났는가? 주님의 재림이 가까운 시기인데 왜 교회의 문이 닫히며 예배할 수 없는가? 고민과 기도가 길어지면서 깊은 깨달음을 얻게 되었다.

안식일의 일

이스라엘 백성들은 모두 출애굽을 하였고 하나님을 믿었다.

그들은 제사에 얼마나 집중했는지 우리는 잘 안다. 안식일에는 일을 금하고 율법대로 철저히 지켰다. 제사가 있는 날에는 최고의 제물을 하나님께 드렸다.

신약으로 말하면 그들은 6일 동안 열심히 일하고 주일을 지키며 예배에 집중했던 것이다. 그런 그들에게 예수님이 찾아오셨다. 그 날이 안식일이었다. 주님은 안식일에 출입하고, 안식일에 치료하고, 안식일에 많은 일을 행하셨다. 당연히 제사장들과 서기관들과 바리새인들의 눈을 거스르지 않을 수 없었다.

예수님은 38년 된 병자를 치료해 주시면서 경고하셨다.

"더 심한 것이 생기지 않게 다시는 죄를 범하지 말라"(요 5:14).

그의 병은 죄로 인하여 왔던 것이다. 예수님은 무슨 죄를 범하지 말라고 하신 것일까? 그가 무슨 죄를 범했는지 특정하기 어렵다. 당시 이스라엘은 갈수록 더 심한 병에 깊어지고 있었다. 이스라엘의 죄로 인하여 심판이 매우 가까워져 오고 있었다.

한국은 지방 소멸의 기사가 매일 올라온다. 심지어 한국의 제2 도시가 소멸위험의 등급 수치라고 한다. 한국은 무슨 죄를 지었기에 이와 같이 출산 절벽으로 도시가 사라질 위기에 접근하고 있는 것일까? 이스라엘은 무슨 죄를 지었기에 사라졌던 것일까?

아이러니하게도 이스라엘의 죄는 안식일을 너무 잘 지키는 죄였다. 그들은 안식일만 철저히 지켰다. 다른 날은 몰라도 안식일은 절대 범하지 않은 죄(?)를 지었다. 오직 안식일에만 예배에 집중하고 평소에는 열심히 일만 했던 것이다.

예수님은 "내 아버지께서 이제까지 일하시니 나도 일한다" 하셨다.(요 5:17) 안식일에는 예배해야 한다고 해야 맞을 텐데 예수님은 안식일에 일하신다고 하셨다.

예수님은 일과 예배를 구분하시지 않으셨다. 첫째 날도 일하시고, 둘째 날도 일하시고, 계속 일하시며, 안식일도 일하신다고 하셨다. 예수님이 율법을 준수하신다면 안식일에 일을 안 하셔야 옳다. 그런데 주님은 "안식일에도 일하신다"고 하셨다.

우리가 일과 예배를 잘 알아야 한다. 일과 예배는 동일하다. 예수님은 일과 예배를 동일하게 말씀하신 것이다. 성전에서 예배하는 것만 예배가 아니고, 일터에서 일하는 것도 예배이다. 일을 예배처럼 하시는 것이다. 하나님께서 사람을 지으시고 일하라고 명하셨다.

"여호와 하나님이 그 사람을 이끌어 에덴 동산에 두어 그것을 경작하며 지키게 하시고"(창 2:15).

"경작하다"는 것은 일하는 것이다. 경작하다의 원어 "아바드"는 "노예가 주인의 일을 하는 것"이다. 여기에서 "경작, 일, 봉사, 섬김"이라는 단어가 나왔다. 노예는 자기의 이익을 내기 위해서 일하지 않고, 주인의 일을 하고 주인을 섬기는 일을 한다. 성도가 일하는 것은 주인이신 하나님을 섬기는 것이고, 그 것을 예배라고 하는 것이다.

유대인들은 자기들 언어이니 "일하다"는 의미를 누구보다도 잘 알 것이다. 그러나 일하는 본래 의미를 잃어버려 예배를 잊어버렸다. 일하는 것이 예배하는 것이고, 예배하는 것이 일하는 것임을 알지 못했다.

성도가 주인을 모르고 자신이 주인 되면 "일과 예배"의 뜻을 알 수 없다. 종이 되어야 일을 예배처럼 할 수 있다. 예수님이 말씀하는 일은 예배이고 섬김이고 봉사인 것이다. 그러므로 안식일에도 일은 계속된다. 그것이 예배이다.

일이 예배가 되면 그 일은 거룩하게 된다. 일하는데 속이고 죽이고 빼앗으면 그 일은 결코 거룩한 예배가 될 수 없다. 예수님은 일을 통해 예배하는 것을 가르치시는 것이다.

거룩한 일

"아버지께 참되게 예배하는 자들은 영과 진리로 예배할 때가 오나니 곧 이 때라 아버지께서는 자기에게 이렇게 예배하는 자들을 찾으시느니라"(요 4:23).

성령과 진리로 예배해야 한다는 것은 어렵지 않다. 그러나 성령과 진리로 일을 하는 사람은 많지 않다. 성령의 인도를 받아서 하나님의 말씀대로 살면 그것이 참된 일이고, 참 예배가 되는 것이다.

예수님이 오실 때는 일과 예배가 망가질 때이다. 밭에서 일을 시키며 추수한 품꾼의 삯이 소리 지르며 추수한 자의 억울한 울음소리가 하나님께 들렸다.(약 5:4) 오늘날도 일 속에 예배의 개념이 전혀 없다. 일을 예배처럼 한다면 이익을 위해 거짓을 행하며 부당하게 노동을 착취할 수 없을 것이다.

온전한 성도는 성령과 진리로 예배와 일을 하고 하나님을 섬긴다. 대표적인 사람이 요셉이다. 요셉은 다가올 7년 대 흉년을 대비하여 7년 대 풍년기에 철저히 대비하였다.

우리에게도 다가올 대 환란기가 기다리고 있다. 무엇으로 이것을 대비할까? 그것은 요셉처럼 일을 통해서 말씀과 물질을 나눠주는 일이 환란기에 일을 예배처럼 하는 성도이다.

우리가 말씀을 지켜 행해야 하는 곳은 일터이지 교회가 아니다. 교회에서 예배를 잘못 드리는 사람은 많지 않을 것이다. 그러나 일터에서는 말씀에서 벗어난 사람들이 얼마나 많은

가? 하나님은 우리의 일터를 살펴보신다.

  일을 예배처럼, 예배를 일처럼 하는 거기에서 말씀과 성령으로 충만해야 하는 것이다. 일과 예배를 동일시하는 성도에게는 하나님의 기쁨이 된다. 예배에 성공하기 위해 일에 예배 개념을 동일하게 적용해야 한다. 전에 이런 복음송이 있었다.

  "월화수목금토 엿새 동안에는 나를 위해 일하고, 복 주시는 주일 하나님의 날은 주를 위해 일하세."

  이 가사는 정말 잘못되었다. 우리가 일과 예배를 구분해서 교회의 타락과 어려움이 왔다. 예배만 잘 드리는 교회와 나라는 하나님의 기쁨이 되지 못한다. 성도에게 일은 모두 거룩한 예배이다. 예배에 성공하면 일도 성공하게 된다. 일과 예배를 통해서 다시 회복하는 우리의 신앙이 되어야 한다.

⌃ 껏니엑 제자교회

무이라도 전도사는 농장을 일구며 목회를 한다.
정직하게 지역주민을 고용하여 일거리를 주고
복음을 전하며 교회도 개척하여 예배를 한다.
무이라도에게는 에배니 일이 동일하다.

때가 아직 낮이매

✦ ✦ ✦

메콩강에 태양이 떠오르면
캄보디아에 아침이 밝아 온다.
캄보디아 사람들은 부지런하다.
떠오르는 태양은 소리가 없어도 사람들을 깨운다.
들로 논으로 학교로 공장으로 왁자지껄 일하러 가기 바쁘다.
해 아래에서 열심히 일해야 한다.
이 해가 기울어 밤이 오면 일할 수 없을 테니까.

아직은 주님이 비춰시는 낮이다.
열심히 일하는 자만이 천국 안식을 누릴 수 있다.

때가 아직 낮이매

때가 아직 낮이매 나를 보내신 이의 일을 우리가 하여야 하리라 밤이 오리니 그 때는 아무도 일할 수 없느니라 _요 9:4

캄보디아에 들어온 첫날의 느낌은 캄캄함이었다. 전기 사정이 열악하여 가로등이 없고, 방 안의 형광등도 어두웠다. 이것이 캄보디아의 영적환경을 대변하는 듯했다.

내가 제자를 파송한 지역 교회는 간판이 없다. 그 지역에 교회가 하나뿐이니 간판이 있을 필요가 없기 때문이다. 면 단위나 혹은 군 단위에 교회가 하나밖에 없으니 교회 간판이 없어도 모두 다 안다. 아직도 교회 없는 군이 많이 있다. 그래서 캄보디아는 영적으로 매우 어둡다.

하나님이 기뻐하는 사람은 일하는 사람이다. 어둠을 밝히는 일은 하나님의 일이다. 많은 사람이 노년에 쉬면서 여생을 즐기고자 한다. 그러나 은퇴하여 쉬고 노는 삶을 경험하는 사람들은 일이 얼마나 귀한지 안다. 성도는 세상에서는 쉬지 말고 열심히 어둠을 밝히는 일을 하고, 천국에 가서 안식하고자 해야 한다.

하나님의 일

무엇이 어둠을 밝히는 하나님의 일인가?

"예수께서 대답하여 이르시되 하나님께서 보내신 이를 믿는 것이 하나님의 일이니라 하시니"(요 6:29).

"하나님께서 보내신 이"는 하나님의 아들 예수님이다. 교회에서 봉사하는 것을 하나님 일이라고 알고 있지만, 정확히는 예수님을 믿는 것이 하나님의 일이다. 예수님을 믿지 않으면 하나님 일을 한다고 하면 안 된다.

'예수님을 믿는 것'은 예수님의 입에서 나오는 말씀을 믿고 행하는 것이다. 누구를 믿는다는 것은 그의 말을 믿는 것이지, 그의 존재를 믿는다는 것이 아니다.

모든 사람이 예수님을 역사적 실존인물이라고 믿는다. 그렇다고 그들을 예수님 믿는 사람이라고 하지 않는다. 사람들이 예수님의 실존을 믿지만, 예수님의 말씀을 믿고 지켜 행하지 않기 때문이다.

말씀을 따라 믿고 행하지 않으면서 하나님의 일을 한다고 하는 사람들은 결국에는 예수님께 외면당할 것이다.

"그 때에 내가 그들에게 밝히 말하되 내가 너희를 도무지 알지 못하니 불법을 행하는 자들아 내게서 떠나가라 하리라"(마 7:23).

여기서 "불법을 행하는 자들"은 주님의 말씀을 지켜 행하지 않았지만, 많은 업적이 있는 사람들이다. 선지자 노릇 하였고, 귀신을 쫓아내었고, 주님의 이름으로 권능을 행하였다고 했다.(마 7:22)

예수님은 하나님 아버지의 말씀을 듣고 순종하셨다. 이것을 하나님이 기뻐하셔서 "이는 내 사랑하는 아들이요, 내 기뻐하는 자니 너희는 그의 말을 들으라"하셨다.(마 17:5)

말씀을 지켜 행하면 예수님을 믿은 것이고, 하나님의 일을 한 것이고, 그것이 아니면 '자기 일'을 한 것이다. 말씀과 일이 하나인 것을 알 수 있다.

어느 선교사가 동네 교회에 가서 성찬식에 참여했는데 포도주를 마시고 기겁을 했다고 한다. 포도주가 아니고 콜라였기 때문이다. 지방에 가난한 교회는 포도주를 사기에 부담이 될 수도 있다. 때로 주일 헌금 다 해도 포도주 한 병을 살 수 없다. 그래서 적포도주와 색이 비슷한 콜라를 사용한 것이다.

이것은 많은 것을 시사한다. 많은 사람들이 무늬만 성도이고 내용은 아니라는 것이다. 하나님의 말씀을 따르지 않고도 모양을 비슷하게 할 수 있기 때문이다. 알곡과 가라지의 차이는 모양이 아니고 속이 차있는가 비어있는가이다. 말씀을 행하는 일을 하지 않고 자기 생각으로 이루는 외형은 재앙으로 끝난다.

말씀은 일한다
말씀은 일의 개념이고, 하나님의 말씀은 일이다.
"이는 비와 눈이 하늘로부터 내려서 그리로 되돌아가지 아니하고 땅을 적셔서 소출이 나게 하며 싹이 나게 하여 파종하는 자에게는 종자를 주며 먹는 자에게는 양식을 줌과 같이 내 입에서 나가는 말도 이와 같이 헛되이 내게로 되돌아오지 아니하고 나의 기뻐하는 뜻을 이루며 내가 보낸 일에 형통함이니라"(사 55:10,11).

하나님은 늦은 비, 이른 비를 때에 알맞게 내리신다. 비가 내려서 그냥 돌아가지 않고 일하고 돌아간다. 파종한 땅을 적셔서 싹이 나게 하고, 소출을 나게 하여 양식을 얻게 하고, 종자를 얻게 한다.

말씀도 비와 같이 하나님이 기뻐하시는 일을 하고 하나님이 보낸 예수님의 일에 형통하게 한다. 여기에서 기적이 일어나고 생명이 탄생한다.

세상의 언어는 주어가 맨 앞에 오지만, 성경을 기록한 히브리어는 동사가 맨 앞에 온다. 그래서 히브리어를 '행동하는 언어', '일하는 언어'라고 한다. 이와 같이 하나님의 말씀은 일하시는 것이고, 말씀이 우리 속에 들어와서 일하길 원하신다. 이제 우리는 말씀이 일하시도록 모든 것을 다 내려놓아야 한다. 내 주장으로 하나님의 말씀을 막으면 일하실 수 없게 된다.

하나님의 말씀이 일하시기 때문에, 하나님은 말씀으로 우주만물을 창조하셨다. 다시 한번 창조의 역사를 만드시는 것이 예수님을 통해서 이루시는 구원의 역사이다. 창조는 무에서 유를 만들었고, 구원도 창조의 역사와 다르지 않다. 하나님의 창조 이전 이후에 어떤 창조가 없었듯이, 예수님의 구원 이전 이후에도 또 다른 구원은 없다.

창조의 역사에서는 아무 희생이 없었다. 그러나 구원의 역사는 하나님이신 예수님이 십자가에서 죽으심으로 이루셨다. 그러므로 구원의 역사는 창조의 역사보다 더 큰 일인 것이다.

구원의 역사를 이룬 예수님을 말씀대로 잘 믿어야 하나님의 일을 잘했다고 인정되는 것이다. 봉사를 하나님의 일이라고 하면 안 될 것이다. 예수님 믿는 일을 말씀대로 하지 않고 봉사하면 잘못된 봉사가 된다.

아직 때가 낮이매

예수님께서 말씀하신 일하는 낮의 의미는 무엇인가?

"때가 아직 낮이매 나를 보내신 이의 일을 우리가 하여야 하리라 밤이 오리니 그 때는 아무도 일할 수 없느니라"(요 9:4).

예수님은 매일 순환하는 밤과 낮을 설명하신 것이 아니다. "때가 아직 낮이매, 밤이 오리니"는 하나님의 일을 하는 때, 할 수 없는 때를 말씀하신다.

"낮이매 나의 보내신 이의 일을 하여야 하리라"고 하셨다. 창세기는 낮과 밤의 개념에서 빛을 낮이라고 하셨고, 어둠을 밤이라고 하셨다.(창 1:5) 이때는 아직 태양과 달이 만들어지기 전이다. 태양과 달은 넷째 날 1장 16절에 나타난다.

그러므로 "때가 아직 낮이매"는 생명을 주는 빛이 있는 때이고, 빛 되시는 하나님의 말씀이 예수님 안에서 비취고 있는 때를 말한다.

"밤이 오리니"라는 말씀은 낮이 지나간다는 말씀이다. 하나님 말씀의 역사가 끝날 때가 반드시 온다는 것이다. 이는 예수님이 십자가에서 죽으실 때였다.

예수님이 십자가에서 "엘리 엘리 라마 사박다니" "나의 하나님 나의 하나님 왜 나를 버리셨나이까" 외치고 죽으셨다. 주님이 죽으시자 빛이 멈추고 온 땅에 어둠이 왔다.(마 27:35)

하나님의 말씀이 없으면 빛도 없고 어두워진다. 이스라엘의 사사시대의 말기, 엘리 제사장 시대에 말씀이 희귀하고, 이상도 보이지 않았다. 엘리 제사장은 눈이 어두워 잘 보지 못하였다.(삼상 3:1,2) 하나님의 빛이 멈춰가고 있는 것을 이렇게 암시하였다.

이 시대도 말씀이 희귀해지고 있다. 어둠의 세력이 판을 깔고 춤을 추고 있다. 수도의 중심 거리에서 동성애자들이 벌거벗고 춤추며 퍼레이드를 벌이고, 동성애 부부를 법으로 인정하니 "밤이 멀지 않았다"는 것이다.

이런 역사적 분깃점에 우리가 있는 것을 깨닫고 정신 차리고 말씀에 올인해야 하는 것이다. 그러지 않으면 세상과 친구가 되는 것이고 거룩함을 잃으며 하나님의 택함에서 멀어지는 것이다.

"내가 세상에 있는 동안에는 세상의 빛이로라"(요 9:5).

아직은 우리에게 예수님의 빛이 있다. 어두워가지만 아직은 밤은 오지 않았다. 성령께서 일하시고 계신다. 임박한 밤이 오기 전에 하나님의 말씀을 이루어야 한다. 밤이 오면 교회도 문을 닫고, 더 이상 복음을 전해서 알곡을 추수할 수도 없게 된다.

눈을 뜬 사람이 해야 할 일

예수님은 맹인의 눈을 뜨게 하여 빛을 보게 해 주셨다.(요 9:7) 행복하게 일생을 살라고 맹인의 눈을 띄워준 것이 아니다. 예수님의 생명의 빛을 보고 믿게 하기 위함이다. 예수님을 볼 수 없으면 맹인이다. 유대인들은 예수님을 보았고 주님의 입에서 나오는 말씀이 들렸지만 믿을 수 없었고, 하나님의 일도 할 수 없었다.

말씀에 가까이 갈수록 우리의 거룩함은 더욱 깊어가고, 어두움은 물러간다. 말씀에서 멀어질수록 거룩함은 없어지고 세속화되며 어두워진다. 말씀에 눈을 뜨고, 갈수록 말씀에 가까이 가고, 말씀으로 일하여, 예수님을 온전히 믿는 하나님의 일을 해아겠다.

성벽을 건축하라

◆ ◆ ◆

캄보디아는 성이 없다.
앙코르와트 사원을 보호하는 것은
성벽이라기보다 담장이다.
그 벽조차 오랜 세월의 침하와 나무의 뿌리로 허물어졌다.
성이 없으니 외적을 막아낼 방법이 없다.
수많은 적들이 들어왔다 나갔다.

우리의 믿음도 성이 없으면 허물어진다.
무엇으로 우리의 믿음을 지켜낼까.
말씀과 성령이 우리를 지켜줄 성이나.

성벽을 건축하라

산발랏과 도비야와 아라비아 사람 게셈과
그 나머지 우리의 원수들이 내가 성벽을 건축하여
허물어진 틈을 남기지 아니하였다 함을 들었는데
그 때는 내가 아직 성문에 문짝을 달지 못한 때였더라 _느 6:1_

    캄보디아 국토는 접시에 비유한다. 중앙은 접시처럼 평평하고 멀리 국경 지역으로 나가야 산이 나온다. 옛날에는 지형을 이용하여 성을 쌓는데 그럴만한 지형이 없어 수도 프놈펜에도 성이 없다. 그러므로 캄보디아는 외부의 침입에 강력히 대항할 힘이 부족하여 쉽게 함락되었고 타민족과 쉽게 섞였다.

    선교지에서 말씀으로 성을 세우는 것이 되지 않으면 선교의 실패로 이어진다. 단순히 교회 건축이나 구제사역 또는 행사 위주의 일회성 사역은 믿음의 성을 세워 자립시킬 수 없다. 영적으로 강한 성벽을 건축하도록 도와야 한다.

성을 쌓는 느헤미야

느헤미야는 성벽을 건축하는 사람이다. 느헤미야서는 느헤미야가 성을 건축하는 내용이다. 북이스라엘은 앗수르에 BC 722년에 망했다. 북이스라엘은 성벽다운 성이 없어 앗수르에 쉽게 망한다. 그 후 남유다는 136년을 견디고 BC 586년에 망하는데, 이는 예루살렘이 높고 견고한 난공불락의 성이었기 때문이다.

유대인은 포로에서 돌아올 때도 3차에 걸쳐 돌아오게 된다. 1차는 스룹바벨은 49,897명을 데리고 BC 537에 귀환한다. 이때 성전 건축이 시작되었으나 사마리아인의 방해로 인해 지대만 놓고 16년간 중단된다.(스 4:24) 16년 후 학개와 스가랴 선지자에 의해 성전건축이 4년 만에 완공한다. 이때가 BC 516년, 귀환한 지 20년 만이다. 반면, 느헤미야는 이 성벽 공사를 단기간에 완공한다.

"성벽 역사가 오십이 일 만인 엘룰월 이십오일에 끝나매"(느 6:15).

조그만 성전공사도 4년 걸렸는데 느헤미야는 어떻게 예루살렘 성벽을 쌓는데 52일 밖에 걸리지 않았을까? 성전건축 4년 기간은 예루살렘 성벽공사도 같이 하였지만 완성하지 못하고 방치하였던 것이다.

에스라는의 2차 귀환은 스룹바벨의 1차 귀환 후 78년, 성전 완공한 지 58년 만에, 1,778명을 데리고 왔다.(BC 458년) 제사장 겸 학사인 에스라는 백성들을 잘 가르쳐서 다시 다윗시대의 번영을 꿈꾸며 귀환했을 것이다.

그러나 기대했던 유대 백성들은 다시 가나안 여인들과 결혼하며 섞였고, 타락해 버린 것을 목도한다. 70년의 포로를 끝내고 다시 돌아와 성전을 재건한 백성들이 50여 년 만에 다시 타락하여 버렸다. 귀환한 에스라가 기가 막혀 속옷과 겉옷을 찢고 머리털과 수염을 뜯었다.(스 9:3)

이러한 일은 이스라엘 역사 내내 있었다. 왜 이스라엘과 유다는 믿음을 간직하지 못하고 쉽게 타락할까? 그 이유를 느헤미야가 알려주고 있다.

"그들이 내게 이르되 사로잡힘을 면하고 남아 있는 자들이 그 지방 거기에서 큰 환난을 당하고 능욕을 받으며 예루살렘 성은 허물어지고 성문들은 불탔다 하는지라"(느 1:3).

이 내용은 예루살렘에서 느헤미야의 동생 하나니가 바벨론에 돌아와 예루살렘의 소식을 전한 내용이다. 하나니는 2차 에스라의 귀환 때 동행한 사람이다. 하나니는 예루살렘의 비참한 소식을 고위직으로 있던 형에게 전하며, 지원을 받고자 다시 바벨론에 왔던 것이다. 당시 느헤미야는 왕의 술을 담당한 고

위직이었다.

아닥사스다 왕의 총애를 입은 느헤미야는 예루살렘 총독으로 보내줄 것을 간곡히 요청하여, 다음 해 BC 444년에 백성들을 데리고 3차 포로귀환한다.

1차와 2차 사이는 78년, 2차와 3차 사이는 14년의 간격이 있다. 느헤미야가 몇 명을 데리고 귀환했는지 기록이 없지만, 1차와 2차의 귀환한 수는 모두 51,675명이다. 애굽에서 출애굽한 수는 20세 이상 남자의 수가 약 60만 명이니, 바벨론에서 돌아온 남은 자는 십 분의 일이 안 된다.

출 바벨론 인구는 출애굽 인구의 약 '십 분의 일'이다. 그 많은 백성들은 어디 가고 남은 자가 십 분의 일이라니 기가 막힌 것이다. 이 수는 남은 그루터기였다.

"그 중에 십분의 일이 아직 남아 있을지라도 이것도 황폐하게 될 것이나 밤나무와 상수리나무가 베임을 당하여도 그 그루터기는 남아 있는 것 같이 거룩한 씨가 이 땅의 그루터기니라 하시더라"(사 6:13).

거룩한 씨는 부름 받은 백성들 가운데 택함 받아 돌아온 수가 십일조 정도라는 것이다. 그런데 그들조차도 또 황폐하게 될 것이라고 하니, 또 타락하고 무너지는 일이 있을 것이다. 느헤미야는 그 이유를 아는 것이다.

"후에 그들에게 이르기를 우리가 당한 곤경은 너희도 보고 있는 바라 예루살렘이 황폐하고 성문이 불탔으니 자, 예루살렘 성을 건축하여 다시 수치를 당하지 말자 하고"(느 2:17).

유다의 타락과 수치는 성벽의 허물어짐과 동시에 일어났다. 성문이 굳건할 때는 대적들이 침입할 수 없으니 백성이 안전하고, 성이 허물어졌을 때는 삶의 곤경과 수치가 막심했다. 1차 귀환한 백성들이 성전을 건축하고서도 또다시 타락한 것은, 성벽이 완벽하지 못했기 때문이다. 성이 낮기 때문에 이방인들이 쉽게 들락날락하였고, 안식일과 관계없이 이방인들이 유대 백성들과 유통했다.

성벽을 건축하자

느헤미야는 부임 첫날부터 성벽을 건축하자고 한다. 물자도 부족하고, 백성들은 지치고, 대적들은 부단히 방해하고, 끊임없이 암살시도를 당했다. 그럼에도 불구하고 성을 쌓는 것은 미룰 수 없는 것이다. 느헤미야는 백성들을 독려하여, 대적들을 경계하며 공사를 쉼 없이 진행하여 52일 만에 완공한다. 느헤미야는 불완전한 성벽 재건을 완벽하게 완공한다.

"산발랏과 도비야와 아라비아 사람 게셈과 그 나머지 우리의 원수들이 내가 성벽을 건축하여 허물어진 틈을 남기지 아니하였다 함을 들었는데 그 때는 내가 아직 성문에 문짝을 달지 못한 때였더라"(느 6:1).

"성벽을 건축하여 허물어진 틈을 남기지 아니하였다"고 하였다. 성벽은 허물어진 틈을 남기지 않는 것이 중요하다. 성도의 믿음의 성이 허물어지면 세상으로부터 고난당하고, 마귀로부터 수치를 당하는 것이다. 성벽의 허물어진 틈은 믿음의 허물어진 곳이다. 하나님은 성을 쌓고, 성 무너진 데를 막아서서 하나님으로 멸하지 못하게 할 사람을 찾으신다.(겔 22:30) 성이 없는 도시, 무너진 곳이 있는 성은 대적들과 귀신들이 들락날락하는 것이다.

다윗과 솔로몬 때는 이스라엘에게 어느 대적들도 침입할 수 없었다. 유다의 말기에 유다는 우상을 숭배하고, 믿음의 성이 완전히 허물어졌다. 믿음의 성이 무너진 사람에게 마귀는 반드시 침입해 온다.

우리 시대도 얼마나 타락해 가는지, 목회자의 타락이 심각하고, 성도들은 교회를 떠난다. 이런 시대 믿음의 성도들은 축복을 간구하는 것이 아니다. 회개를 하고, 다시 성을 쌓고 믿음을 회복시켜야 한다.

느헤미야의 예루살렘 성벽 건축은 백성들의 신앙 개혁으로 이어졌다. 백성들은 금식하며 굵은 베옷을 입고 티끌을 무릅

쓰며, 이방인들과 절교하고 자신과 조상의 죄를 회개하며 믿음의 성을 쌓았다.(느 9:1,2)

하나님은 이런 사람에게 복을 주신다. 우리가 말씀을 따라 행하면 하나님은 반드시 복을 주신다. 백성들을 마귀로부터 지켜주고, 기적의 역사는 일어난다.

말씀의 성

느헤미야는 바벨론에서 태어난 포로 2세로 '여호와께서 위로하신다, 긍휼히 여기다'는 뜻이다. 느헤미야의 아버지 이름 '하가랴'는 '여호와께서 어둡게 하셨다'는 뜻이다. 느헤미야의 할아버지는 남유다 말기 암담한 현실을 자기 아들의 이름으로 표현했다. 그러나 아버지 '하가랴'는 하나님께서 유다를 다시 구원하실 것을 알고 "여호와께서 위로하신다"의 뜻으로 '느헤미야'라 하였다.

우리 시대도 하나님의 위로하심이 있기를 간절히 바라지만, 우리 시대는 성이 무너지는 소리가 들린다. 이제 성 무너진 틈에 서서 하나님께 간절히 외쳐야 한다.

성은 돌로 쌓는데 믿음의 성은 무엇으로 쌓아야 할까? 믿음은 말씀으로 쌓아 올려야 한다. 말씀으로 믿음의 돌을 잘 쌓고, 그 위에서 행해야 마귀가 들어오지 못한다. 말씀 생활을 통해서 거룩한 믿음을 세우고, 성령으로 기도하며, 자신을 지키는 사람만이 예수님의 긍휼을 받을 수 있다.(유 1:20,21)

처음 믿을 때 성령과 기적을 뜨겁게 체험하고 신앙생활을 시작했는데 실족하고 넘어지는 사람이 적지 않다. 기적과 성령 체험을 했으면 말씀으로 믿음의 성벽을 건축해야 하는데 그것이 안 된 사람들은 넘어지는 것이다.

지금은 말씀의 성을 세우고 행하는 목표가 있어야 한다. 이런 성도는 말씀의 매뉴얼 따라 직접 기적을 만들어 낸다. 말씀을 의지하면 귀신의 성은 무너지고, 병이 치료되고, 환경이 변하여, 천국의 역사가 시작된다. 선교지와 한국 교회에서 느헤미야가 많이 일어나면 다시 교회와 나라가 살아날 수 있을 것이다.

너희는 거룩하라

◆ ◆ ◆

십자가의 의미도, 교회라는 용어도, 성도라는 용어도 몰랐다.
지금도 오지에는 교회를 모르는 사람들이 많다.
성도라는 의미는 더더욱 모른다.
이런 곳에 십자가가 세워지고 교회가 세워졌다.
십자가 앞에 서는 것이 복이다.

복음이 들어오기 전 한국에 교회라는 용어가 있었을까?
하나님도 예수님도 어떤 분인지 몰랐을 것이다.
선교사님들이 전해준 복음을 믿고
방방곡곡 교회가 세워진 한국에 태어난 것에 감사한다.
그러나 예수님 믿는 것에서 끝나면 안 된다.
거룩함을 이루어야 한다.

너희는 거룩하라

너는 이스라엘 자손의 온 회중에게 말하여 이르라
너희는 거룩하라
이는 나 여호와 너희 하나님이 거룩함이니라 _레 19:2

    1995년에 캄보디아에 왔을 때 프놈펜은 치안부재 상황이었다. 폴포트가 살아있었고, 지방은 크메르 루즈가 점령하고 있는 곳이 많았다. 이제 공산치하에서 벗어나 평화가 오면 캄보디아는 새로운 미래를 향해 좋은 국가를 만들 것으로 생각했다. 그러나 그런 나의 생각이 깨어지는데 얼마 걸리지 않았다.

    어디서나 음란과 마약, 동성애가 창궐했고, 부정과 부패가 만연하였다. 누구도 캄보디아의 희망찬 미래를 말하는 지도자는 없었다. 너무 실망하여 캄보디아에 정이 가지 않았고, 이런 나라 백성을 사랑하여 내 일생을 바쳐야 하는지도 의문이었다.

    이것을 극복하기 위해 많은 기도를 했는데 마음에 솟아오르는 하나님의 음성이 "그래서 네가 왔다" 하셨다. 이 말씀으로 30년을 보내면서 힘이 들지 않았던 것 같다.

나는 사람이 스스로 자기 과거를 회개하고 새롭게 될 수 없다는 것을 캄보디아를 통해 알았다. 부름 받아 출애굽되어도 자동으로 깨끗해지는 것이 아닌 것을 선교를 통해 보았다.

거룩함

늙어간다는 것은 참 좋은 것 같다. 젊어서 추구했던 세상의 것들은 사라지게 된다. 언젠가 아름다운 저녁노을을 보면서 이런 말을 읊조렸다.

'하늘은 저녁노을이고, 사람은 노년이 아름답다.'

누구는 젊음이 아름답다 하겠지만, 나는 늙어가면서 노년의 아름다움을 알았다. 젊었을 때 이성의 아름다움에 반하고, 음욕도 생기고, 경쟁자에게 시기질투도 많았고, 돈 욕심부렸고, 비젼이라는 욕망도 많았었다.

지금 내 나이에도 젊었을 때 그런 맘으로 살아간다면 참으로 끔찍하다. 지금은 아무 욕심 없고 천국에 대한 소망뿐이다. 그래서 나는 늙어가는 노년이 좋다. 하나님 앞에 설 때는 최고의 아름다운 사람, 거룩한 신부가 되어야 한다.

많은 사람들이 구원에 대해 강조를 많이 한다. 그러나 구원받았음에도 모두 하나님 앞에 서는 것은 아니다. 어린 양의 피로 출애굽한 이스라엘 백성들도 광야에서 하나님의 진노로 죽은 사람이 많았다. 예수님은 "청함 받은 자는 많지만 택함 받은 자는 적다"는 말씀을 하셨다.(마 22:14)

하나님은 구원받은 백성에게 거룩하라고 하신다.

"너는 이스라엘 자손의 온 회중에게 말하여 이르라 너희는 거룩하라 이는 나 여호와 너희 하나님이 거룩함이니라"(레 19:2).

이때 이스라엘 백성은 출애굽되어 구원받은 백성들이었다. 그들에게 또 구원받을 것을 강조할 필요는 없는 것이었다. 이제는 그들의 애굽식 사고방식으로 충만한 사상을 갈아엎어야 하는 것이다. 이를 위해 하나님께서 모세를 통해 모세5경을 주셨다.

모세 이전에도 하나님이 부르신 많은 인물들이 있었다. 아담과 하와를 시작으로 에녹, 노아, 아브라함과 이삭과 야곱 등 많은 믿음의 선진들이 있었다. 그들에게 단편적인 율례와 법도를 주셨지만, 토라 같은 방대한 문서로 말씀을 주신 적은 없었다. 모세5경은 원래 한 권인 큰 두루마리 책이다. 이 한 권의 두루마리를 5권으로 나눈 것은 구약성경을 헬라어로 번역한 70인역부터였다.

하나님께서 토라를 주신 목적은 하나님의 거룩함을 이루기 위함이다. 하나님께 가는 성도는 거룩함이 없으면 갈 수 없다. 하나님처럼 닮아가야 하는 것이 성도이다. '거룩'은 세상으로부터 "구별하다, 분리되다"는 의미이다.

미국의 어느 목사님이 한국 성도들이 "하나님 임하소서!"라고 외치는 기도를 듣고 하나님이 정말 임하실 것 같아 두려웠다고 한다. 거룩함이 없는 죄로 가득한 곳에 하나님이 임하면 심판이기 때문이다.

거룩함을 이루는 곳

거룩함은 하나님께 드리는 제사를 통해서 이룬다. 토라에서 하나님께 드리는 제사는 3가지가 있어야 한다. 성소, 제사장, 제물이 그것이다. 성소, 제사장, 제물을 한 몸에 이루신 분이 예수님이다.

성소는 오늘날 모여서 예배하는 교회와는 다르다. 예수님과 하나 된 성도는 하나님의 성소가 되어 성령이 거하시는 전이 되는 것이다.(고전 3:16) 성전의 생명은 거룩이니, 성도가 거룩하지 않으면 멸하신다고 하신다.(고전 3:17)

성소에서 제사하기 위해서는 제물이 있어야 한다. 그 제물은 십자가에서 죽으신 예수님을 상징하고, 우리도 예수님과 함께 죽어 제물이 되어야 함을 말한다.

제물을 가져오면 레위인 제사장이 제물을 잡고 하나님께 불살라 드렸다. 다른 사람이 잡아 집전할 수 없고, 오직 제사장만이 할 수 있다. 그런데 제사장은 오직 레위인만이 할 수 있다. 아이러니하게도 레위는 저주받은 지파이다.

"시므온과 레위는 형제요 그들의 칼은 폭력의 도구로다. 그 노여움이 혹독하니 저주를 받을 것이요 분기가 맹렬하니 저주를 받을 것이라 내가 그들을 야곱 중에서 나누며 이스라엘 중에서 흩으리로다"(창 49:5,7).

다른 지파는 최소한 하나 이상 축복을 받았는데, 시므온과 레위 두 지파는 축복이 아닌 저주를 받았다. 아버지로서 야곱이 자식에게 이럴 수 있을까 하겠지만, 그것은 야곱이 하나님의 말씀을 대언한 것이니 어쩔 수 없었다.

이 예언대로 시몬 지파는 광야에서 발락과 발람의 음행잔치와 우상숭배에 동참했다가 전염병으로 인구 절반이 죽고(민 25:9), 가나안에 들어갔을 때 가장 미약하여 제일 먼저 사라지는 지파가 되었다.

레위도 저주를 받아 분배받은 땅도 없이 전국에 흩어져 살았다. 그런데 레위지파는 광야에서 시므온 지파가 유혹받은 고스비 사건 때 제일 앞장서서 음행과 우상숭배를 척결했

다.(민 25:11)

그 공로로 그들에게 주어진 것이 제사와 성막의 일이다. 레위인이 없으면 제사를 드릴 수 없게 되고, 이스라엘 존재가 없어지게 되니 제일 중요한 일이 주어진 것이다. 이와 같이 레위인에게는 저주와 복이 공존하게 된다.

레위인에게서 제사장이 나온 것은 저주와 복이 동전의 양면과 같다는 것이다. 성도도 저주와 복이 동전의 양면처럼 공존한다. 성도가 제사장처럼 하나님을 섬기지 않으면 저주를 받고 하나님을 섬기면 복이 되는 것이다.

우리는 운명적으로 아담의 저주가 있지만, 예배로 살아가면 복과 영광으로 바뀌게 되는 레위인 제사장과 같다. 예수님이 우리의 대제사장이 되심으로 우리도 왕 같은 제사장이 되었다. 그러므로 성도는 성전과 제물과 제사장이 되어야 한다.

부모 경외와 안식일

하나님은 보이지 않기 때문에 섬기기 어렵다. 하나님도 그것을 아시고, 가까이에 하나님처럼 섬겨야 하는 대상을 두셨으니 부모이다.

"너희 각 사람은 부모를 경외하고 나의 안식일을 지키라 나는 너희의 하나님 여호와이니라"(레 19:3).

부모님 경외와 안식일을 지키는 것은 무슨 관계가 있을까? 부모는 자녀에게 축복권을 가진 하나님의 대리자이고, 제사장이다.

"부모를 경외하라"는 것은 부모가 전하는 하나님의 말씀에 순종하라는 것이다. 부모는 안식일에 반드시 쉬면서 가족에게 말씀을 전하는 가정 제사장이 된다.

"안식일을 지키다"에서 '지키다'의 뜻은 "가시로 울타리를 치다"는 뜻이다. 밖에서 적이 오는 것을 막기 위해 울타리를 치는 것이다. 성도는 세상의 사상으로부터 안식일을 지켜내야 한다.

안식일은 하나님께서 천지창조와 함께 제정하신 최초의 법이다. 하나님은 육일 동안 천지를 창조하셨고, 제 칠일에는 쉬셨다. 그러므로 안식일은 천지창조의 끝이고, 결론이 된다. 하나님의 천지창조는 하나님의 안식을 알리기 위함이다.

안식일, 히브리어로 '쇠바트'는 "쉬다, 끝내다"에서 왔다. 하나님께서 창조를 끝내시고 "쉬셨다"는 의미와 "모든 일을 끝내셨다"는 두 가지 차원의 의미입니다.

예수님께서 십자가에서 "다 이루었다"는 말씀은 "다 끝내었고, 완성했다"는 말씀이다. 안식일이 천지창조의 결론이 된 것은, 예수님이 인류 구원의 결론이 되실 것을 나타내신 것이다.

안식일은 오늘날 주일하고 같은 것이 아니다.

예수님이 오셔서 안식일 논쟁에서 종지부를 찍으셨다. "내가 안식일의 주인이다."(눅 6:5) 안식일은 바로 예수님을 예표하는 것이었다.

세상은 혼돈과 공허와 어둠이 끝도 없이 진행되고 있다. 누가 와서 이 혼돈을 끝내고 완성해야 한다. 안식일을 지키는 것은 혼돈의 세상을 완성할 예수님을 기다리는 것이다. 출애굽한 백성들은 애굽에서 행한 대로 가나안에서도 행했다. 그러므로 안식일을 지키나 참 안식이 없었던 것이다.

안식일의 주인이신 예수님은 성령과 물과 피를 통해 우리의 거룩함을 이루어주셨다.(요일 5:8) 성령과 말씀과 주님의 보혈만이 우리의 거룩함을 이루고 하나님 앞에 서게 하신다.

인본주의와 666

◆ ◆ ◆

한 번은 아내를 오토바이 뒤에 태우고 시장을 갔다.
한국에서 오토바이를 타듯이 기마자세로 앉았다
교통법규를 어기지 않았는데 경찰이 불러 세웠다.
여자가 남자처럼 말 타듯이 탔다는 것이다.
초창기에 캄보디아 사람들은 남자나 여자나 긴 옷을 입었다.
오토바이를 탈 때도 다소곳이 다리를 모으고 옆으로 앉았다.

이런 전통이 무너지는 것은 몇 년 안 걸렸다.
외국의 문물이 들어오고 여자들의 의상이 달라졌다.
지금은 시골 여인들도 화장하고 짧은 치마가 대세이다.
서기에서 끝나지 않고 음행의 문화가 들불처럼 벋지고 있다.
세상 문화로 무너지는 것은 한순간이다.
인본주의와 666의 문화는 홍수와 같다.
아 슬프다.
교회와 선교지가 인본주의와 666에 휩쓸려간다.
누가 이것을 막을 것인가.

인본주의와 666

> 지혜가 여기 있으니 총명한 자는 그 짐승의 수를 세어 보라
> 그것은 사람의 수니 그의 수는 육백육십육이니라 _계 13:18

한 번은 주일날 교회 건너편에 두 명의 한국인이 앉아서 우리 교회를 응시하고 있어서 안으로 들어오라고 했더니 금방 사라져 버렸다. 또 한 번은 초인종을 눌러 나가 보니 예쁜 한국 자매가 캄보디아 청년과 함께 어설픈 캄보디아말로 내게 전도하였다. 그러다가 내가 한국인인 줄 알고 얼른 떠나 버렸다. 캄보디아는 한국의 주요 이단들이 다 들어와서 순진한 캄보디아 교회와 성도들을 먹잇감으로 삼는다.

그들의 교리 중 하나가 계시록과 666이고, 666의 표를 받지 않아야 천국에 갈 수 있다고 한다. 여기에 수많은 목회자들도 동조하여 666을 받지 말아야 한다고 주장한다. 그렇다면

666이 시행되기 전에 죽은 사람들은 천국에 갈 수 있다는 것인가?

666의 의미

성경을 기록한 히브리어와 헬라어는 각 철자의 숫자 값을 가지고 있다. 단어의 숫자 값은 은밀히 암시하는 바가 있다. 마태복음에 예수님 족보는 아브라함부터 예수 그리스도까지 14대씩 3등분으로 끊는다. 다윗의 이름 철자를 모두 합하면 숫자 값이 14이고, 이는 예수님이 다윗의 후손으로 오셨음을 증거하는 것이다. 이와 같이 성경의 숫자는 깊은 의미가 숨어 있다.

유대인 랍비의 666 해석은 성경에서 숫자 6은 사람의 수이고, 물질의 수라고 한다. 여섯째 날에 사람이 창조되었고, 물질 세계가 완성되었다. "동서남북상하"의 방향 모두가 6이다. 하나님은 여기에 물질로 가득 채우셨다.

히브리어는 뜻을 강소할 때 단어를 반복시킨다. 단어를 세 번 반복하면 그 의미는 최고로 강조된다. 하나님께 "거룩하다 거룩하다 거룩하다"를 세 번 반복한다.(사 6:3) 하나님이 지극히 거룩하여 흠도 점도 없음을 강조하는 것이다.

666은 6을 세 번 반복하였으니 완전한 물질이고, 거기에는 영이 들어갈 틈이 없는 짐승 같은 완전한 인본주의를 의미한다. 짐승에게는 하나님의 영이 들어갈 틈이 없고 오직 몸을 위해 살기 때문에 666은 짐승의 수가 되는 것이다.

아담에게는 동물과 달리 하나님께서 친히 영을 코에 불어넣으셨으니 사람은 영과 육이 있는 존재이다.(창 2:7) 사람에게서 하나님의 영이 떠나면 짐승처럼 육만 남고 그것이 인본주의 삶인 666이다.

짐승은 영이 없으므로, 영원이나 천국에 대한 생각을 전혀 할 수 없다. 영이 죽은 사람은 짐승처럼 물질중심으로 사는 것이고, 물질중심의 인본주의가 666 표와 같은 표현이다.

666의 실체

666 표는 세상 끝에 계시록에만 나타나는 것이 아니다. 표에 대해 성경에 맨 먼저 나온 것은 창세기이다.

가인이 아벨을 죽이고 하나님께 표를 받고 쫓겨났다.(창 4:15) 가인이 표를 받고 하는 일은 하나님을 대적하는 일이었다. 가인이 표를 받고 하나님을 떠나가서 에녹 성을 쌓았는데, 그것은 하나님을 대적하는 성이다. 당시는 사람들이 없으니 사람들로부터 자신을 보호하고자 성을 쌓을 필요는 없는 것이다.

가인의 후손들은 대대로 하나님을 대적하는 인본주의적 삶을 살게 된다. 가인의 6대손 라멕 때는 창조질서를 깨고, 일부

다처가 시작된다. 라멕의 아들들은 물질문명의 조상들이 된다.(창 4:20-22) '야발'은 가축 치는 자의 조상, '유발'은 악기 다루는 자의 조상, '두발가인'은 동과 철로 도구를 만드는 대장장이가 된다. 사탄이 그들에게 들어가 천사들의 지식을 전달하여 음악과 철기 문화가 시작되었다.

교과서에는 구석기, 신석기, 청동기, 철기 시대로 나눈다. 이 기간은 수만 년 전부터 시작되었다고 한다. 그런데 '가인'의 이름이 '대장장이'라는 뜻이다. 이것은 벌써 가인은 철기를 다룰 줄 알았고 5대손 라멕의 아들 두발가인 때는 대단히 번창한 세상 문화를 만들 수 있었다.

그의 누이 '나아마'는 그 이름이 "아름답다, 달다"는 뜻으로 봐서 '나아마'로 인해 쾌락 문화가 극에 달한 것을 알 수 있다. 가인은 표를 받고 하나님을 떠나 물질문명을 이루는 조상이 되었으니 이것은 666의 시작이다. 666은 물질과 쾌락 중심으로 사는 마귀의 수이다.

성경은 솔로몬 왕의 "세입금의 무게가 금 육백육십육 달란트"라고 밝히고 있다.(왕상 10:14) 역대 모든 왕의 세입금을 밝히지 않는데, 오직 솔로몬의 것만 밝히고 있다. 666이라는 것은 솔로몬이 쌓은 물질의 성이고 성령이 없는 것을 의미한다.

솔로몬은 재임 초기에 하나님의 지혜로 충만했지만, 물질적

부를 쌓으면서 이방 공주들과 결혼하고 그녀들이 가져온 우상을 성전 마당에 세웠다. 하나님과의 관계가 끊어져 버린 솔로몬은 백성들에게 세금으로 금 666 달란트의 무거운 짐을 지게 했다. 금 666은 무거운 멍에를 의미한다.

천국의 거리는 금으로 포장되어 있다.(계 21:21) 이것은 하나님이 천국을 화려하게 꾸몄다는 의미가 아니다. 세상에서 그렇게 얻고자 밤낮으로 수고한 것이 천국에서는 가치가 없고 발로 밟고 다니는 보도블록에 불과하다는 것이다.

물질 중심으로 살면서 세상의 음행을 즐기며 사는 인생은 솔로몬처럼 666의 표를 이미 가지고 있는 것이다. 이런 사람이 말세에 666의 표를 받지 않았다고 해서 천국에 들어갈 수 있는 것은 아니다.

666에서 해방

어떻게 666의 무거운 짐을 벗어날 수 있을까?

"수고하고 무거운 짐 진 자들아 다 내게로 오라 내가 너희를 쉬게 하리라. 나는 마음이 온유하고 겸손하니 나의 멍에를 메고 내게 배우라 그리하면 너희 마음이 쉼을 얻으리니"(마 11:28,29).

"수고하고 무거운 짐 진 자"는 물질중심의 인생, 인본주의적 인생, 666의 무거운 죄의 멍에를 진 자를 말한다. 예수님이 그런 인생의 무거운 짐을 다 지시고 십자가에서 죽으셨으니, 이것을 믿으면 666이라는 무거운 죄의 짐에서 해방되고 하나님 앞에 기쁨으로 설 수 있는 것이다.

말씀으로 생활하지 않으면, 신본주의 삶은 고리타분하고 인본주의 삶은 아름답고 멋있게 보인다. 666의 표를 받아 부자 되고 권세와 명예를 누리는 삶을 부러워하게 된다. 그래서 지위고하, 빈부귀천을 막론하고 모든 사람들이 이 표를 받게 된다. 이 표는 어느 때나 있었지만 마음에 찍혀서 보이지 않았다가, 역사의 끝에서는 오른손과 이마에 그 표가 적나라하게 나타나게 되는 것이다.

사람들은 계시록에서 말세 때 666의 표가 없으면 매매를 못하게 된다고 하니, 666을 매매 수단으로 쓰는 도구로 생각하여 신용카드를 받지 말라고 했었다. 요즘은 베리칩이 666이라고 하여 몸에 베리칩을 심지 말라고 한다.

계시록에서 이 표에 대하여 언급한 목적은 그 표의 정체를 밝히고자 하는 것이다. 그것의 정체가 "짐승의 이름"이고 이것은 하나님을 대적하는 마귀라는 것이다. 짐승의 이름이 찍힌 것은 "마귀의 것"이라는 직인이다.

말씀으로 사는 사람에게는 이마에 하나님의 표를 찍었다.(겔

9:4,6) 마귀도 흉내 내어 표를 찍었는데, 역사의 끄트머리에는 666의 모호했던 표가 마귀의 이름으로 드러나서 분명히 알게 될 것이다. 마귀는 변장술의 귀재라서 변장하고 있다가 상대가 꼼짝할 수 없는 때가 되면 본 모습으로 돌아오는 교활함이 있다.

사람들이 돈과 권력과 사랑이 최고인 줄 알고 그것만 위해 한평생 살아간다. 하나님 앞에 갈 때 자기의 모습을 보니 짐승의 표가 찍혀있는데, 그것이 '너는 마귀의 것'이라는 것을 알면 얼마나 기가 막힐까?

짐승의 수를 세어보라. 그 짐승의 수가 "사람의 수니 그의 수는 육백육십육이니라"(계 13:18). 6은 "사람의 수"이니, 666은 "인간, 인간, 인간"이고, 오직 인간중심이라는 것이다. 인간은 뭐든 다 할 수 있다고 주장하며, 하나님을 뺀 인본주의가 666이다.

요즘 이 표를 받으면 안 된다고 가르치는 사람들이 있는데, 인본주의 삶을 살아온 사람이 마지막에 666 표를 받지 않는다고 천국에 갈 수 있을까? 그들은 이미 666 표, 짐승의 이름, 마귀의 소유권으로 낙인이 찍혀 있는 것이다.

성도는 지금 말씀과 성령과 기도로 살아야 한다. 지금 성령의 삶을 살지 않고 그때 가서 666 표를 받지 않겠다고 하는 것은 의미가 없다. 이미 그들에게는 666의 표가 있기 때문이다.

666의 표에 대해 두려워하지 말고, 지금 말씀과 성령과 기도의 삶을 살고 있는지 자신의 영적 생활을 체크해야 한다. 그래야 666의 무거운 짐에서 벗어나고 예수님과 함께 쉼을 얻을 수 있다.

성막을 세워라

◆ ◆ ◆

바벨탑은 꼭대기에 올라가서 신들에게 제사하는 곳이다.
잉카 신전도 꼭대기서 사람을 제물로 제사했다.
캄보디아의 자랑인 앙코르와트도
신들을 만나러 올라가는 바벨탑과 비슷하다.

세상 신전은 저렇게 높고 우람한데
우리 주님의 성막은 작고 볼 품 없다.
성막을 모르면 세상 종교의 신전이 부러울 것이다.
그래서 중세의 성당은 저렇게 높고 화려하게 지었다.
눈에 보이는 화려한 성전이 아닌
내 안에 성소를 세워야 한다.

성막을 세워라

모세가 그같이 행하되 곧 여호와께서 자기에게 명령하신 대로
다 행하였더라 둘째 해 첫째 달 곧 그 달 초하루에 성막을 세우니라
_출 40:16,17

    캄보디아 불가사의라고 하는 앙코르와트는 신도들이 모여 설법을 듣는 곳이 아님을 알 수 있다. 그들이 예물을 가지고 자신들의 신들을 향해 올라가는 것이다. 올라가는 중간중간에 수많은 불상들이 있다. 100m는 족히 되는 최고 꼭대기에 올라가면 거기에도 몇 개의 불상이 있다. 결국 앙코르와트 신전은 사람들이 그들의 신을 만나러 가는 곳이다. 성경에 나오는 바벨탑도 결국 사람들이 자기들 신을 찾아가고자 세운 탑이다.
    이것들을 보면서 광야의 성막을 생각하게 된다. 세상 종교는 앞으로 있을 구원의 역사를 훼방하는 종교들이다. 바벨론 종교나 애굽의 종교나 힌두교는 신들의 이름만 다르고 실제는

모두 같은 것이다.

사탄의 종교는 앞으로 세워질 성소의 의미를 알기 때문에 성소와 비슷한 구조물을 미리 만들어서 성경이 자기들을 따라 했다고 물 타기를 하는 것이다.

"나보다 먼저 온 자는 다 절도요 강도니 양들이 듣지 아니하였느니라"(요 10:8).

세상 신들과 종교들은 성경이 기록되기 전에 먼저 와서 복음을 훼방하는 것이다. 예수님이 오시기 전에 세상은 사탄과 귀신들이 창궐했고, 각종 종교를 먼저 만들어서 사람들의 영혼을 도적질 하고 강도짓하였던 것이다.

성막을 이해하면 우리들이 어떻게 믿음을 완성해야 하는지 알 수 있다. 출애굽기의 마지막 결론이 성막을 세우는 것이다. 출애굽기에서 성막을 만드는데 명령한 것이 두 가지이다.

제사장의 속옷

예복 없이 성소에 들어가서 지극히 거룩하신 하나님을 만날 수 없는 것이다. 제사장의 예복과 성막은 하나님을 예배하는데 필수이다. 제사장의 예복은 속옷과 겉옷으로 되어 있다.

"그들이 또 직조한 가는 베로 아론과 그의 아들들을 위하여 속옷을 짓고"(출 39:27).

하나님은 왜 제사장의 속옷을 만드는 법을 가르칠까? 하나님께서 범죄한 아담과 하와에게 양을 잡아 가죽옷을 만들어 주셨다. 아담의 가죽옷은 예수님의 죽음을 상징하는 구원의 옷으로 속옷이다. 하나님은 구원을 상징하는 옷을 세마포로 짜서 제사장의 속옷으로 사용하게 했다.

할례의 의미를 사도바울은 "곧 육의 몸을 벗는 것이요 그리스도의 할례이다"라고 했다.(골 2:11) "육체의 몸을 벗는 것"은 '죄를 벗어나는 구원'이다. 그리스도의 할례는 주님의 십자가 죽음을 의미한다. 그러므로 할례는 구원의 은밀한 표시로 속옷과 같다.

아담의 가죽 옷이 아브라함의 할례로 이어지고, 출애굽에서는 제사장의 속옷으로 구원의 상징이 된다. 그러나 구원을 상징하는 속옷은 하나님께 나갈 자격을 얻은 것이지만, 그 속옷을 입고 하나님 앞에 나아갈 수는 없는 것이다.

제사장의 겉옷

제사장은 당연히 속옷 위에 예복을 입고 하나님께 나아간다.

"그들은 여호와께서 모세에게 명령하신 대로 청색 자색 홍색 실로 성소에서 섬길 때 입을 정교한 옷을 만들고 또 아론을 위해 거룩한 옷을 만들었더라"(출 39:1).

제사장의 겉옷은 "금실과 청색 자색 홍색 실과 가늘게 꼰 베실"로 만든 예복으로 매우 화려했다. 이 옷을 하나님이 지시하신 말씀에서 벗어남이 없이 정확히 만들었다. 이 옷은 최고의 아름다운 예복이다. 제사장의 옷은 신약의 성도가 입을 때는 혼인예복이 된다. 신약의 성도는 왕 같은 제사장이다.(벧전 2:9)

이사야는 겉옷을 공의의 겉옷이라고 하였다.(사 61:10) 제사장의 겉옷이 공의를 상징한다는 것이다. '공의'는 말씀을 행할 때 나타나는 '행함의 의'이다. 예수님 믿고 구원을 받았지만, 말씀에 대한 행함이 없으면 공의가 없는 것이다. 예수를 믿어도 세상 사람처럼 똑같이 살면, 공의의 예복이 없어 부끄러움을 당하는 것이다.

이스라엘은 가나안에 들어가서 공의가 없는 신앙생활을 했다. 말씀대로 행하지 않고 여전히 우상 숭배에 빠져 살았다. 결국 바벨론 포로에서 돌아온 후에야 우상숭배를 하면 가난과 지주의 멸망이 있다는 것을 깨달았다. 이스라엘은 포로에서 돌아온 후 우상숭배에서 벗어날 수 있었고, 그 이후로는 눈에 보이는 우상을 제거했다.

유대인들은 예수님의 십자가 사건 이후, 고국에서 쫓겨나 흩어져 고난을 당했지만, 반면에 부와 권력은 누렸다. 예수를 믿지 않아서 구원은 없지만, 재물을 얻는 율법의 매뉴얼대로 행하기 때문에 부가 몰려왔다. 오늘날 유대인이 세상의 부와 권력을 조종하고 있다고 해도 과언이 아니다. 그러나 그것은 또 다른 탐욕이고, 탐욕은 우상숭배인 것이다.

마귀는 축복을 하는 것 같지만, 높은 곳에 올려놓고 밀어버리는 것이다. 마귀는 이스라엘을 최고의 높은 곳에 올려놓고 부자 될 때를 기다렸다가 재산을 빼앗고 죽이고 추방시켰다. 벌써 초대교회 때 유대인들은 로마에서 추방된다.(행 18:2) 스페인에서도 추방되었고, 독일에서 히틀러는 유대인 600만 명을 학살했다. 중세 시대 내내 이런 추방과 죽임과 고난의 역사가 이스라엘에 계속되었다. 이것이 말씀을 행하는 공의의 예복이 없는 사람의 비극이다.

성막을 세워라

"너는 첫째 달 초하루에 성막 곧 회막을 세우고"(출 40:2).

이때는 이스라엘이 출애굽한 지 만 일 년이 되는 제2년 첫째 달 초하루였다. 출애굽의 목적은 성막을 세우는 것이었다. 성막 중에서 가장 거룩한 곳이 지성소이고, 지성소 중에서 가장 거룩한 것이 언약궤이다. 언약궤 위에 하나님이 임하셨다.

출애굽하기까지는 하나님이 스스로 기적을 행해 주셨다. 출애굽한 이후는 제사장이 언약궤를 메고 앞장서서 행진하였고 그렇게 할 때 기적이 일어났다. 요단강 물은 언약궤를 멘 제사장들 발이 닿았을 때 멈춰 섰다. 그리고 여리고 성도 언약궤를 메고 백성들과 함께 돌았을 때 무너졌다.

그래서 이스라엘은 언약궤를 우상화하는 잘못을 저질렀다. 엘리 제사장의 아들들은 언약궤와 함께 전쟁터로 나갔다가 궤는 빼앗기고 패배했다. 오늘날에도 많은 사람들이 사라진 언약궤를 찾느라고 애를 쓴다. 심지어 언약궤를 찾는 영화도 만들 정도다.

성막은 솔로몬 성전이 세워지고 사라진다. 뜨거운 햇빛에 가죽으로 덮인 성막이 수백 년을 버틸 수 없었을 것이다. 유다가 범죄하여 바벨론에 팔려갔을 때 성전이 불타고, 언약궤도 사라졌을 것이다.

범죄한 이스라엘은 성전을 우상화하여 바벨론 군대에서 자신들을 지켜줄 것이라고 생각했다. 범죄한 백성들의 성전이나 언약궤에서 하나님은 미련 없이 떠나셨고, 하나님이 떠난 성전은 불타버린 것이다.

우리는 하나님이 임하시는 거룩한 성소와 성소의 핵심인 언약궤가 무엇을 의미하는지 잘 알아야 한다. 하나님의 성소는 성도의 몸을 말한다.

"너희는 너희가 하나님의 성전인 것과 하나님의 성령이 너희 안에 계시는 것을 알지 못하느냐? 누구든지 하나님의 성전을 더럽히면 하나님이 그 사람을 멸하시리라 하나님의 성전은 거룩하니 너희도 그러하니라"(고전 3:16, 17).

거룩한 성전인 성도가 거룩성을 상실하면 성령 하나님은 미련 없이 떠나시고 그 사람도 멸망하는 것이다. 성전은 어떻게 거룩해지고, 깨끗해질 수 있을까? 이 말씀은 성도가 어떻게 거룩해져서 하나님이 임하시기에 합당하게 될 수 있는가에 대한 물음이다.

영원한 제물 되신 예수님의 거룩하신 피와 말씀과 성령으로 깨끗하게 된다. 그러므로 성도는 성소에 들어가서 등대에 비춰진 떡을 먹듯이 날마다 말씀을 양식 삼아 먹어야 한다. 이것이 성막이 가르쳐 주는 거룩함이다. 여기에 하나님의 영광이 임하고 충만해졌다.(출 40:34)

성령은 베드로를 통해 성도들에게 이렇게 명령하셨다.

"너희도 산 돌 같이 신령한 집으로 세워지고 예수 그리스도로 말미암아 하나님이 기쁘게 받으실 신령한 제사를 드릴 거룩한 제사장이 될지니라"(벧전 2:5).

성령님의 명령은 첫째 "신령한 집으로 세워져라"는 것이다. 성도는 하나님이 거하시는 신령한 성막이라는 것이다. 둘째 "신령한 제사를 드릴 거룩한 제사장이 돼라"는 것이다. 성도는 택함 받은 제사장으로 거룩한 옷을 입었다. 이 옷은 성도들의 '옳은 행실'이라고 했으니, 말씀을 행할 때 나오는 '거룩한 공의의 옷'이다.

성도들은 예수 믿고 멈추면 안 된다. 게으르지 아니하고 믿음과 오래 참음으로 말미암아 약속들을 기업으로 받는 자들이 되어야 한다.(히 6:12)

우리가 말씀을 행함으로 거룩한 예복을 입고, 하나님이 임하시는 거룩한 성소가 되면 하나님이 기뻐하시고 영광이 임하시는 것이다.

믿음의 법칙

◆ ◆ ◆

네가 자라는 것을 보니 신비롭다.
너도 하나님을 아느냐.
어찌 그리 창조주의 법칙대로 잘 자라느냐.

피조물은 하나님의 법칙에서 벗어날 수 없다.
벗어나면 죽음이다.
백성들아 하나님의 법칙 안으로 들어오라.
믿음의 법칙으로 살자.
그리하면 모든 것이 해결될 것이다.

믿음의 법칙

믿음은 바라는 것들의 실상이요 보이지 않는 것들의 증거니
선진들이 이로써 증거를 얻었느니라 _히 11:1,2

 한 여자 전도사가 교제하는 사람이 있었는데 그 형제는 좋은 배우자감이 못 되었다. 결혼하지 않는 것이 좋겠다고 말렸더니, 한번 '싹르봉'해보겠다고 답해서 기가 막힌 적이 있었다. 그 말은 시험 삼아 결혼을 해보겠다는 것이다. 결국 주위의 만류에도 결혼을 했고 많은 연단을 받으며 이혼은 하지 않았지만 어렵게 지내고 있다.
 주변에 정상적인 부부 생활하는 가정이 많지 않고, 많은 사람이 결혼에 실패한 경험을 가지고 있다. 교회에서 성도끼리 만난 경우는 비교적 잘 살지만 보통 사람들은 첫 번째 결혼은 깨지고 두 번째 결혼해서 살고 있는 경우가 많다. 첫 번째 결

혼은 양가 부모들이 직장과 재산을 고려하여 맺어주는 경향이 강하고, 두 번째 결혼은 자기들끼리 마음에 맞는 사람들을 만나는 경향이 많아서 그렇지 않나 생각한다.

부부가 사랑으로 가정을 이루고 믿음이 쌓여가야 하는데 그 믿음이 깨어지는 것은 불륜 때문이다. 캄보디아 사람들은 이성 간의 사랑의 경계선이 없을 정도로 쉽게 넘나들고, 결혼 후에 믿음이 깨어지는 것은 자연스러운 현상으로 여기는 것 같다.

물질세계의 법칙

우리가 하나님께 나갈 때 믿음을 가지고 나간다. 사람에 대한 믿음도 있어 믿음이 깨어지면 헤어지게 된다. 물질에 대한 믿음도 있어서 믿음으로 물질세계를 지배할 수 있다. 믿음은 과학의 법칙처럼 특별한 법칙이다.

세계적으로 성공하는 사람들 대부분은 믿음의 법칙을 잘 사용한 결과이다. 세계적 부자인 빌 게이츠, 져커버그, 일론 머스크, 워렌 버핏 등은 성경적인 믿음의 사람도 아니고, 기도하는 사람도 아니지만 긍정적인 생각과 바라봄의 법칙이 탁월한 사람들이다.

양자역학

미안하지만 과학적 원리를 잠깐 기술하고 싶다. 물질을 자르면 마지막에 남는 최소 단위를 원자라고 한다. 원자의 세계는 보이지 않는 미시의 세계이다. 보이는 거시의 물질과 보이지 않는 미시의 원자는 동떨어진 물체가 아니고, 한 물체이다. 사람의 몸과 보이지 않는 세포가 동떨어진 것이 될 수 없다.

가장 작은 단위의 물질인 원자는 파동이면서 입자라고 한다. 평상시에는 원자가 파동인데, 관찰자가 관찰하면 입자로 바뀐다. 파동은 물결이나, 전파나, 생각, 마음과 같은 것이다. 사람에게는 여러 생각과 마음이 쓰나미처럼 쉬지 않고 들어왔다 나간다. 긍정적인 것도 부정적인 것도 바쁘게 출입한다.

입자는 총알처럼 하나의 알갱이와 같다. 그런데 물질의 최소 단위 원자는 관찰자가 없는 평소에는 파동이고, 누가 자신을 관찰하면 입자로 바뀐다고 하니 이해할 수 없을 것이다. 그래서 양자역학자들은 "이것은 팩트이니 이해하는 것이 아니고 그냥 받아들이라"고 한다.

그냥 놔두면 파동인데 관찰하면 입자로 바뀐다는 양자역학은 대단히 신비로운 과학적 현상이다. 이것을 물리학에서는 "바라봄의 법칙 또는 끌어당김의 법칙"이라고 한다.

이런 물질세계의 과학 법칙은 영적 세계에서 나온 것이다.

영의 세계 안에 물질세계가 들어있지 물질세계 안에 영의 세계가 들어가 있는 것이 아니다.

영의 세계의 법칙

구약 성경에서는 믿음에 대해 거의 말씀하시지 않았다. 믿음이라는 단어가 단 세 번 나오는데, 기도의 응답이나 축복하고는 전혀 관련 없는 내용에서 쓰였다. 구약 성경은 물질의 복을 주로 말씀하셨다. 그것을 통해 영의 세계를 깨달으라는 것이다. 현세에 받을 복은 '바라봄으로' 끌어당기라는 것이다.

하나님께서 아브람에게 "북쪽과 남쪽 그리고 동쪽과 서쪽을 바라보라"고 하셨다.(창 13:14)

야곱도 버드나무 살구나무 신풍나무의 껍질을 벗겨 얼룩얼룩하게 만들어 흰 양들에게 향하게 하니 얼룩얼룩한 새끼들을 낳았다.(창 30:37-39)

사람의 머릿속에는 부정의 생각과 긍정의 생각이 동전의 양면처럼 파동 치며 들어온다. 그때 긍정의 생각을 바라봄으로 끌어당기면 파동이 입자가 되어 나에게 온다는 것이 양자역학의 법칙이다.

창조주 하나님이 물질의 법칙을 만드신 것이니, 과학의 법칙은 창조의 법칙에서 나온 것이다. 그러므로 영적 세계의 법칙인 믿음의 법칙은 물질세계 법칙을 다스릴 수 있는 것이다.

"믿음은 바라는 것들의 실상이요 보이지 않는 것들의 증거니"(히 11:1).

믿음은 '실상'이고, 실상의 뜻은 "아래에 놓은 것" 즉 '기초'이다. 수백 층의 초고층 빌딩이 올라가는데 맨 땅 위에 올려놓을 리가 없다. 땅 속에 어마어마한 기초가 있는 것을 다 안다. 이와 같이 기초가 땅 속에 있어 보이지 않는 것처럼 믿음도 보이지 않는다.

"증거"라는 헬라어 '엘렝코스'는 법정에서 죄의 증거를 찾아낸 그 증거이다. 증거를 찾아내 보이면 피고인은 꼼짝없이 시인할 수밖에 없다. 믿음은 꼭꼭 숨겨진 비밀스러운 것들의 증거이다. 영적인 것은 비밀스럽게 감춰져 있다. 그러나 믿음이 보여지면 증거가 되어 원하는 것을 줄 수밖에 없는 것이다.

이것이 물질의 법칙이자 창조의 법칙이다. 믿음의 조상들은 그것을 알았다. 히브리서 11장에서 나열된 믿음의 조상들의 특징은 바람, 생각, 바라봄의 단어를 실천하였다. 이것을 한국 교회에 처음 소개하신 분이 조용기 목사님이다. 그래서 처음 양자역학이 발견되고 세상에 알려지자 많은 사람들이 "양자역학이 종교냐?"고 비아냥대기도 했다.

믿음의 법칙

믿음의 법칙은 잘 사용하면 천국이지만, 잘못 사용하면 재앙이고 지옥이다.

"너희에게 인내가 필요함은 너희가 하나님의 뜻을 행한 후에 약속하신 것을 받기 위함이라"(히 10:36).

구약 성도에게 약속은 초림 예수 그리스도였고, 신약 성도에게 약속은 재림 예수님이다.

말씀 생활하는 성도는 말씀 안에서 약속을 바라봐야 한다. "중생, 신유, 성령충만, 재림, 축복"의 오중복음에는 엄청난 믿음의 비밀이 담겨있다. 성도는 주님의 이 뜻을 위해 기도하며 인내하며 하나님의 역사를 기다리면 땅에서부터 잘되고 천국에 들어가는 것이다.

그러나 세상 사람들은 앞에 것인 중생, 신유, 성령충만, 그리고 재림은 빼고 맨 마지막 축복만 가져간다. 그들이 바라봄의 법칙을 사용하면 그것은 과학의 법칙이니 반드시 이루어진다.

예수 믿지 않고 물질의 복을 받는 사람들이 세상에 얼마나 많은가? 그들은 물질의 복에 취해서 더욱 깊이 세상 향락에 빠져 들어간다. 그러나 결과는 비참한 타락으로 끝나고 예수님을 모르니 지옥에 떨어지는 것이다.

하나님을 기다리며 바라보는 사람은 이 시대를 안다.

"잠시 잠깐 후면 오실 이가 오시리니 지체하지 아니하시리라"(히 10:37).

이 본문은 이사야와 하박국의 말을 인용한 말씀이다. 이사야는 이렇게 외쳤다.

"내 백성아 갈지어다 네 밀실에 들어가서 네 문을 닫고 분노가 지나기까지 잠깐 숨을지어다"(사 26:20).

이사야는 환난의 때에 "너의 밀실"에 들어가 잠깐 숨으라고 하였다.

예수님도 "네 골방에 들어가 문을 닫고 은밀한 중에 계신 네 아버지께 기도하라"고 하였다.(마 6:6)

"네 밀실, 네 골방"은 신랑 신부가 들어가는 신방이다. 신부가 들어가서 기다리면 신랑이 오는 곳이 신방이다. 거기에서 기도하면 반드시 신랑 되신 예수님이 오신다. 그곳이 오직 말씀, 오직 성경이다. 여기에서만 주님의 진노를 피할 수 있다. 오직 말씀의 법칙으로 사는 것이 믿음의 법칙으로 사는 것이다.

"나의 의인은 믿음으로 말미암아 살리라 또한 뒤로 물러가면 내 마음이 그를 기뻐하지 아니하리라 하셨느니라"(히 10:38).

"나의 의인"은 정의와 공의가 있는 의인이다. 구원의 의와 말씀을 행하는 행함의 의가 있는 성도이다. 이 두 의가 없는 사람은 환난이 올 때 뒤로 도망하게 될 것이다. 결정적인 순간에 하나님에 대한 믿음이 없으니 세상의 방법을 사용하다가 망하게 되는 것이다.

바라보는 것은 영의 세계의 법칙이고, 믿음의 법칙이다. 주님의 재림을 바라보는 시기에 우리는 믿음의 법칙을 잘 사용해야 한다. "중생의 구원, 병고침, 성령충만, 주님의 재림, 축복"을 믿음으로 더욱 강하게 해야 하는 시대이다.

거꾸로 물질의 축복부터 이루려는 실수를 범하지 말아야 한다. 하나님의 의를 다 이루고 나면 당연히 재물도 주셔서 요셉처럼 7년 대기근시대에 물질로 봉사하게 하실 것이다. 우리도 요셉처럼 다가오는 고난의 시대에 구제를 많이 하는 성도가 되도록 믿음의 법칙을 이루면 좋겠다.

늙어가는 다윗

✦ ✦ ✦

낌끼어 할머니는 순종도 잘하고 믿음도 좋다.
우리는 젊어서 만났다.
세월이 지나니 같이 늙어간다.
늙어도 건강하고 밝아서 좋다.
몸은 늙어 가는데 성경을 암송하니 정신도 맑다.

몸이 늙어감을 기뻐하는 성도,
주님 맞을 날 가까워 좋아하는 설레임,
영은 날로 젊어지고
날마다 예복 입고 신랑 맞을 준비하는 신부!

늙어가는 다윗

다윗 왕이 나이가 많아 늙으니
이불을 덮어도 따뜻하지 아니한지라 _왕상 1:1

    캄보디아 사람들은 일찍 늙어간다. 40대가 되면 십 년은 더 늙어 보인다. 외형적으로 늙어 보이는 것이 아니고 실제로 노화가 일찍 진행되어 병도 많고 평균 수명도 60을 넘기지 못한다. 몸이 늙으면 마음도 늙어가서 늙은이처럼 행동한다.

    한 번은 예배시간에 늙어서 치매에 걸리지 않으려면 성경 암송을 많이 하여 뇌를 젊게 하라고 하였다. 그리고 60구절의 암송 말씀을 숙제로 주었다. 우리 교회는 청년층이 많고 노인들은 적은데 가장 늙은 '낌끼어' 할머니는 이 말씀을 받았다.

    청년들도 암송 못하는데, 낌끼어 할머니는 가장 먼저 60구절을 암송하였다. 나중에는 매주 묵도 말씀으로 시편을 낭독

할 때 그 말씀을 암송하여 시편도 상당히 암송을 많이 했다. 그랬더니 정말로 몸은 늙어 가는데 노인병도 없고, 정신도 젊은이보다 더 맑다.

열왕기서 시작

서론을 잘 읽으면 결론에 대해 추측할 수 있다. 서론이 희망적으로 말하면 결론도 해피엔딩이 되고, 서론이 어두우면 결론이 어둡게 된다는 것을 암시한다.

열왕기상의 시작은 좋지 않다. 열왕기하 결론을 보았더니, 예루살렘은 허물어지고, 유다 왕은 바벨론으로 끌려가서 감옥 생활을 한다.

같은 역사서이지만 역대기의 시작은 이스라엘의 조상을 인류의 시조 아담에서 시작한다. 그것에 대한 결론은 이스라엘이 망하기는 하지만 고레스 왕의 명령으로 성전건축을 위한 귀국으로 결론을 맺는다.

열왕기는 이렇게 시작한다.

"다윗 왕이 나이가 많아 늙으니 이불을 덮어도 따뜻하지 아니한지라"(왕상 1:1).

이스라엘의 비참한 종말의 끝을 본 저자가 시작을 이렇게 하는 것이다. 이스라엘의 비참한 종말의 원인을 여기에서 찾는 것이다.

다윗은 소싯적에 주를 의뢰하고 적진으로 달리며, 하나님을 의지하고 성벽을 뛰어넘었다.(삼하 22:30) 그런 다윗이 나이가 많아 늙었다. 거기에 이불을 덮어도 따뜻하지 아니하다.

선지자가 이렇게 기록하고 있는 것은 단지 다윗 왕의 육체적 건강 상태만 말하는 것이 아니다. 성경은 보이는 현상을 통해서 영적인 것을 암시한다.

성경에 나이가 많아 늙었다는 표현으로 영적인 것을 말한다. "아브라함과 사라는 나이가 많아 늙었고 사라에게는 여성의 생리가 끊어졌는지라"(창 18:11).

이 말씀은 단순히 아브라함과 사라가 나이가 많아 늙었다는 의미가 아니다. 하나님께서 아들을 주시겠다는 약속에 대한 믿음이 떨어진 것을 아브라함과 사라는 나이가 늙은 것으로 설명한 것이다.

엘리 제사장 때 이스라엘은 심각한 타락이 있었다. 성경은 엘리 제사장이 매우 늙었다고 쓰고 있다.(삼상 2:22) 이것은 이스라엘의 믿음이 타락하여 영적 암흑이 찾아온 것을 말한다.

믿음이 강하게 불타오를 때는 나이가 많아도 늙었다는 표현을 쓰지 않았다. 갈렙은 가나안 정복에 불타서 "오늘 내가 팔십오 세로되 모세가 나를 보내던 날과 같이, 오늘도 내가 여전히

강건하니, 내 힘이 그 때나 지금이나 같다"고 했다.(수 14:11)

열왕기서 저자는 이스라엘의 믿음이 추락하고 영적 어둠이 오고 있는 것을 암시하고 있다. 하나님은 처음에 암시하고, 두 번째 비유하시고, 세 번째 경고하시고, 마지막에는 심판하신다.

다윗 왕은 나라가 어떻게 돌아가는 것을 전혀 알지 못했다. "우리 주 다윗은 알지 못하시나이다"는 말씀이 여러 번 나온다. 단지 늙어서 나라가 어떻게 돌아가는지 알지 못하는 것이 아니고, 믿음도 같이 떨어지고 있다는 것이다.

실제로 다윗의 넷째 아들 아도니야가 스스로 왕이 되고자 제사장 아비아달과 요압 장군과 모의를 하고 행사를 거행하는데 다윗은 이것도 모르고 있었다.(왕상 1:18) 다윗의 말년은 영적으로 어두웠다.

추락하는 믿음을 방치하면 재앙이 오는 것은 시간문제이다. 오늘날 우리 시대 교회가 나이가 많고 늙어가는 현상이 벌어지고 있는 것을 보면 안타깝다. 종말로 가는 현상이 여러 곳에서 감지되고 있다. 마치 다윗이 늙어가며 이불을 덮어도 따뜻해지지 않는 것과 같이 뜨뜻미지근한 시대가 되고 있다. 그러므로 하나님을 조롱하는 엄청난 성적 타락과 동성애 현상이 일어나고 있는데 거기에 동조하는 세력이 교회 내에 있는 것이다.

다윗과 아비삭

다윗이 늙어가는 상황에 대해 시종들의 대처는 한심하다. 다윗왕의 부하들이 식어가는 왕을 위해서 시도한 것은 젊은 처녀를 데려다가 왕과 같이 자게 하는 것이었다. 전국에서 가장 아리따운 소녀를 찾아 데려왔으니 수넴 여자 아비삭이다. 아가서에 나오는 술람미 여인이 수넴 여자인 것을 보면 수넴은 미녀의 고장인 듯하다.(왕상 1:3)

하나님은 다윗 왕이 영적 상황이 늙어가는 것을 말씀하고 있는데, 시종들은 왕의 육체적인 상태만 보고 있었다. 아비삭이 젊고, 아리따운 것만 강조하고 있다. 마치 다윗이 아무것도 모르고 있는 것과 같이 그들도 모르고 있었다.

영적으로 타락해 가는 현실 앞에 우리가 이런 어리석은 일만 찾아다니는 것은 아닌지 모르겠다. 영을 깨워서 믿음을 회복하고 기도를 회복하지 않으면 다가오는 재앙 앞에 무기력할 뿐이다. 늙어가는 현실에서 세속적인 방법을 쓰는 것은 아무 의미가 없다.

세상의 방법을 버리고 하나님의 방법을 택해야 한다. 다윗은 아름다운 아비삭의 시중을 받았지만 잠자리는 하지 않는다.(왕상 1:4) 다윗은 육체가 늙어가는 것은 어쩔 수 없지만, 영적으로 살아있는 사람이었다.

다윗의 유언

다윗은 솔로몬을 세우고 영적인 유언을 한다.

"네 하나님 여호와의 명령을 지켜 그 길로 행하여 그 법률과 계명과 율례와 증거를 모세의 율법에 기록된 대로 지키라 그리하면 네가 무엇을 하든지 어디로 가든지 형통할지라"(왕상 2:3).

마지막으로 전할 수 있는 최고의 유언은 하나님의 말씀을 순종하고 행하는 것 밖에 없는 것이다. 이것 외에는 형통할 수 있는 방법이 없다는 것이고, 다윗의 유언이자 일생의 간증이다.

그러나 이것이 지켜지지 않은 것이 이스라엘 역사이다. 솔로몬도 말년은 우상숭배로 이어지고, 이것은 하나님의 진노로 이어지며, 이스라엘은 남과 북으로 나누어진다.

열왕기서의 서론에서 보여주는 암시는 벌써 솔로몬 시대에서 보여주고 있었다. 이러한 결론은 대를 이어서 계속되었고, 마지막에는 이스라엘의 멸망으로 이어진다.

이스라엘 역사가 보여주는 것은 나라와 인생도 하나님과 관계가 있다는 것이다. 약속의 말씀에 대한 믿음이 식어지면 죄를 범하고 타락으로 이어지며 인생의 결론 비참해진다. 인본적인 방법을 멈추고 오직 하나님의 말씀으로 돌아가 기도하는 삶이 우리 시대를 다시 회복시킬 수 있는 유일한 길이다.

영적인 사람은 세상에서 벌어지는 사건에 대해 예민하다. 우리 시대 영적 타락의 끝이 무엇을 의미하는지 알아야 한다.

교회와 성도는 늙어 가면 안 된다. 육체는 늙어져도 영은 날로 새로워져야 한다. 하나님의 말씀으로 돌아가서 말씀을 지켜 행하여 성령으로 충만해야 예수님의 신부가 될 수 있다. 타락해 가는 성도를 붙잡아 주는 사명이 있음을 깨닫고 말씀과 영으로 살아내는 우리가 되어야 한다.

⌃ 메콩강가에서

소리 없이 흐르는
메콩강가에서
커피 한 잔에
멍 때리는 망중한

몸과 마음 하나인
아내와 함께
무게 없는 대화와 웃음이지만

이 강물이 흘러가다 언제쯤에
그때를 생각하고
그리워할 거야

부활 신앙

◆ ◆ ◆

부활절 행사할 때 계란을 삶아서 나눠줬었다.
왜 그러는지 모르고 습관과 전통처럼 행했었다.
배고픈 성도들은 너무 좋아했다.

어떤 계기로 성경에 나오지 않는 전통들은
모두 없애버렸다.
성경만 따르기로 했다.
알고 보니 부활절 계란은 가톨릭에서 나왔고
그것은 바벨론 이교도에서 나온 것임을 알았다.
교회에서 없애길 잘했다.
초대교회 부활 신앙이 회복되었다.

부활 신앙

이르시기를 인자가 죄인의 손에 넘겨져 십자가에 못 박히고 제삼일에 다시 살아나야 하리라 하셨느니라 한 대 _눅 24:7

성경에서 나온 것이 아닌 것은 모두 없애도 무방하다. 전통이라고 해도 말씀에서 벗어난 것이 얼마나 많은지 모른다. 예수님은 바리새인들이 말하는 장로들의 전통을 꾸짖으셨다.

컴퓨터 용어로 '초기화'라는 단어가 있는데 우리도 다 버리고 다시 처음으로 돌아가는 초기화가 되면 좋겠다. 죄짓기 전의 모습으로 부활한 의인으로 초기화되어야겠다.

안식 후 첫날

예수님의 부활을 말씀하면서 '안식 후 첫날 새벽'을 강조한다. 안식 후 첫날 새벽에 몇 명의 여자들이 예수님의 시신에

향품을 바르기 위해 무덤에 갔다.(눅 24:1) 신부의 본 모습인 여자들은 예수님을 멀리서 끝까지 따랐고, 향품을 가지고 주님을 찾아왔다.

안식일은 일곱째 날이고, 안식 후 첫날은 천지창조의 첫째 날이다. 예수님이 여섯째 날에 죽으시고, 일곱째 날에 무덤 속에 계시다가 첫째 날 부활하셨다.

첫째 날은 하나님이 천지를 창조하신 우주의 시작의 날이다. 이 날에 예수님이 부활하신 것은 특별한 의미가 있다. 첫째 날은 죄가 없던 날이다. 성도는 부활에서 다시 시작해야 하는 것이다. 죄사함 받고 다시 시작되어야 한다.

부활을 믿지 않는 성도는 불신자의 삶과 같다. 예수님의 부활은 믿는 자의 모든 죄가 깨끗이 사함 받았다는 것을 확정한 날이 된다. 죄가 없는 모습으로 돌아간 날이 된다. 여기에서 다시 주님과 함께 시작하는 것이다.

갈릴리에서 다시 만나자

예수님은 제자들에게 갈릴리에서 만나자고 하셨다.(마 28:10) 갈릴리는 예수님이 제자들을 처음 만나 사역을 시작한 곳이다. 제자들은 갈릴리 바다로 가서 고기를 잡고 있었다. 그날 밤도 밤새도록 고기를 잡았지만 잡지를 못했다.

주님이 제자들에게 말씀하시길 "얘들아 너희에게 고기가 있느냐?" 물으신다. 그물을 배 오른편에 던지라고 하여서 순종하고 던졌더니 물고기가 많아 들어 올릴 수가 없을 정도였다.

이것은 3년 전에 갈릴리 바다에서 예수님이 제자들을 처음 만났을 때를 재현한 것이다. 그때는 깊은 곳에 가서 그물을 내리라고 하셨고 배에 가득히 물고기를 잡았다.

이와 같이 예수님이 제자들을 동일한 현장, 동일한 상황으로 다시 만나는 이유가 무엇일까?

예수님이 십자가에 못 박힐 때 함께 한 제자가 없었다. 그런 그들의 마음을 위로해 주시고, 다시 예수님을 믿게 하기 위해 동일한 상황을 연출하신 것이 아니다. 이제는 죄인이 아닌 죄 사함 받은 사람으로 인생을 시작하라는 것이다.

갈릴리 바닷가에서 첫 만남 때는 베드로가 "주여 나를 떠나소서 나는 죄인이로소이다" 하였다. 예수님 부활 후에는 베드로가 바다로 뛰어들어 영접할 정도로 기쁨이 넘쳤다. 자신이 죄인이니 떠나 달라는 말은 없었다. 누구도 부활하신 예수님을 보고 "당신이 누구냐" 감히 묻는 자가 없었다.(요 21:12)

전에는 그들이 예수님을 확실히 알지 못했다. "저가 누구이기에 죄도 사하는가?" 하였다. 그러나 부활하신 예수님을 만나고 제자들이 "예수님이 누구냐?"고 묻는 자가 없었다. 예수님이 누구인지 확실히 알았다는 것이다. 자기 스승이라는 사실을 안 것이 아니고, 예수님의 존재에 대해 확실히 안 것이다.

나는 나다

예수님이 제자들의 발을 씻어주시며 이렇게 말씀하셨다.

"지금부터 일이 일어나기 전에 미리 너희에게 일러 둠은 일이 일어날 때에 내가 그인 줄 너희가 믿게 하려 함이로라"(요 13:19).

후반절을 '새번역'에서는 이렇게 번역하였다.

"너희로 하여금 '내가 곧 나'임을 믿게 하려는 것이다"

제자들은 "내가 곧 나"라는 뜻을 몰랐다. 주님이 십자가에서 죽고 부활되고서야 "내가 나"인 줄 믿게 된다. 즉, "예수님이 나"임을 믿게 된 것이다.

이 말씀을 이해하려면 모세의 질문에 대한 하나님의 답을 알아야 한다. 하나님은 "나는 스스로 있는 자이니라"라고 답하셨다.(출 3:14) 성경에서 의역하여 "나는 스스로 있는 자다"라고 하였지만, '새번역' 성경에서는 "나는 나다"라고 번역했다. 영어도 "I am who I am"로 "나는 나"라고 하였다. 물론 히브리어 원어에서도 동일하다. '나'가 누구인지 설명이 없다.

아버지는 자녀에게 자신에 대해 설명할 필요가 없다. 아버지가 자녀 집에 가서 문을 두드리면 자녀는 "누구세요?" 할 것이다. 그때 밖에 있는 아버지는 "나다~"할 것이다. 그 음성만 들으면 알고 문을 열게 된다.

부활하신 예수님을 보고 제자들이 "당신이 누구냐?"고 묻는 자가 없었던 것은 이제 예수님이 아버지의 본체이시고, 구원의 하나님이시고, 성경에서 예언된 바로 그 분이신 것을 알았던 것이다.

"나다, 나야"하는 주님의 음성을 아는 사람만 부활될 것이다.

"진실로 진실로 너희에게 이르노니 죽은 자들이 하나님의 아들의 음성을 들을 때가 오나니 곧 이 때라 듣는 자는 살아나리라"(요 5:25).

예수님이 잠자는 자녀들의 이름을 부르면 영접하기 위해 즉시 일어날 것이다. 신랑의 음성을 들으면 신부가 그 음성을 듣고 급히 일어나게 된다. 음성을 모르는 사람은 계속 깊은 잠을 잘 것이다.

주님이 부활하기 전의 믿음은 온전한 믿음이 아니다. 병을 치료해 주니 믿었고, 빵을 주니 믿었다. 유대인들은 항상 표적을 보여 달라고 했다. 모든 요구 조건을 다 들어줘도 더욱 배고팠다. 재물에 배고프고, 기적에 배고프고, 표적에 배고팠다. 예수님의 부활을 체험하지 못한 믿음은 언제 떠날지 모른다.

제자들도 모두 떠났던 것이다.

 천지 창조 시에 첫째 날이 있었고 부활로 재창조된 첫째 날도 있다. 그래서 부활하신 그날이 창조의 첫째 날에 있었다. 안식일이 주일로 옮겨진 날이 아니다. 구원받아 재창조된 사람이 이 날부터 다시 시작해야 하는 날이다.

 하나님이 첫째 날 빛을 만드신 이유는 어둠이 있기 때문이다.

 "땅이 혼돈하고 공허하며 흑암이 깊음 위에 있고, 하나님의 영은 수면 위에 운행하시니라"(창 1:2).

 이 날은 마귀가 세상에 내려와서 세상을 혼돈하고 공허하며 흑암이 임한 것을 말한다. 이러한 세상에 태어난 사람은 아무리 모태신앙을 갖고 있어도 저절로 하나님을 믿을 수 없다. 오히려 저절로 마귀를 따라간다.

 모세의 손자와 후손도 타락하여 잘못된 제사장이 되었다. 모세의 손자요 게르솜의 아들인 요나단과 그의 자손은 단 지파의 제사장이 되있다는 것은 충격적이다.(삿 18:30) 그는 처음에 미가의 집 제사장이 되었다가 단 지파 제사장으로 옮겼다.(삿 17장)

 세상의 권력과 부는 세습이 가능하지만, 신앙과 믿음은 세습이 되지 않는다. 그러므로 부모는 자녀의 신앙 교육을 위해 할 수 있는 모든 것을 다해야 한다.

말씀을 기억하라

주님의 부활을 믿으려면 말씀의 부활이 있어야 한다. 듣고 흘려보내는 것은 말씀이 죽은 것이다. 처음에는 제자들도 주님의 부활을 믿을 수 없었다. 예수님은 십자가에 못 박히고 제 삼일에 다시 살아나야 한다고 하셨지만 믿은 제자들은 없었다. 부활을 보고 온 여자들이 전했지만 허탄한 듯이 들려 믿지 않았다.(눅 24:11)

말씀이 살아있지 않으면, 말씀 안에서 자신에게 유리한 것만 선택적으로 기억한다. 사람의 부활은 역사적으로 경험이 없었고, 과학적으로 불가능한 것이니 흘려보내는 것이다. 이런 성도는 삶 속에서 근심 걱정이 많을 수밖에 없다.

하나님은 죽음 이후의 부활을 약속하고 계신데, 믿음이 없으니 죽음이 두려운 것이다. 부활신앙이 있는 성도는 죽음도 실패도 두렵지 않다. 다음 단계의 부활이 있기 때문이다.

우리는 부활을 체험하는 것이 무엇인지 알아야 한다. 도마처럼 부활하신 예수님을 만나 체험하는 것이 아니다. 말씀을 믿고 체험하면 부활을 체험하는 것이 된다.

모든 것은 말씀에서 나온다. 정의와 공의도 말씀에서 나온다. 말씀대로 십자가의 죽음을 믿는 것이 정의이고, 말씀대로 부활을 믿는 것이 공의이다. 그러므로 부활을 믿지 못하면 공의가 없는 심판을 받는다.

　하나님은 천하를 공의로 심판할 날을 작정하셨다.(행 17:31) 하나님께서 예수님을 죽은 자 가운데서 다시 살리신 말씀을 믿을 때 공의가 이루어지고, 심판을 면하는 것이다.

　신앙생활 초기에 예수님의 십자가 죽음은 쉽게 믿을 수 있다. 그런데 부활은 안 믿어진다. 부활은 자신이 직접 체험해야 하는 것이기 때문이다. 그러므로 말씀과 기도로 거룩해지는 것이고, 그 위에 성령이 임하신다. 부활신앙으로 장엄한 천지창조의 첫째 날로 다시 시작할 수 있다. 죄된 인생을 십자가에 못 박고, 주님의 부활로 죄 사함을 확증하여 거룩함으로 다시 시작해야 한다.

두 증인 교회

✦✦✦

하늘은 저녁노을이고
인생은 노년이 아름답다.

누구는 젊음이 아름답다고 하겠지.
그것은 외모의 아름다움 화무십일홍이다.

산전수전 다 겪은 노인의 깊게 패인 얼굴,
모든 것을 달관하며 만족해하는 노년의 기쁨,
말씀 따라 살아온 온유한 광채,
신랑 맞을 준비하는 신부의 마음에
하늘도 수줍어 노을처럼 변하고
공중 혼인잔치 참여할 마지막 교회,
두 증인이 되는 노년이 아름답다.

두 증인 교회

내가 나의 두 증인에게 권세를 주리니
그들이 굵은 베옷을 입고 천이백육십 일을 예언하리라 _계 11:3

선교지에서 많은 교회들이 세워졌다가 사라지는 것을 보았다. 나 역시 제자를 지방에 파송하여 세운 교회 중 하나는 사역자의 이탈로 문을 닫을 수밖에 없었다. 교회가 있다가 사라지는 것은 그 지역에 영적인 큰 손실이 아닐 수 없다. 교회가 처음부터 없었다면 몰라도 있다가 문을 닫는 것은 엄청난 영적 패배감을 안겨 준다. 교회가 문을 닫는 주된 요인은 말씀과 성령의 부재 때문이다.

그래서 선교사가 가장 갈급해하는 것은 말씀과 성령이어야 한다. 사도바울의 선교처럼 기적이 일어나는 선교가 되면 얼마나 좋을까? 그러나 목양을 하는 선교가 아닌 프로젝트 위주의 선고는 이런 역사가 일어날 수 없다.

말씀이 없고 성령이 없는 선교는 광야의 메마른 땅과 같다. 교회에서 기도는 하는데 아무 역사가 일어나지 않으니 성령 시대는 끝났다고 생각한다. 그러나 지금도 여전히 하나님께서 역사하시는 성령 시대인 것이다.

두 증인

5년 전에 하나님께서 나에게 두 증인에 대해 깨닫게 하셨다. 그래서 앞으로 "두 증인 교회"를 세워야겠다고 기도하고 있다. 두 증인은 계시록 11장에 나오는 증인이다. 이들은 종말 때 나타난 증인이다. 이런 증인은 영원한 증인이고, 반드시 승리하는 증인이다.

현재 지구는 전쟁과 전염병, 지진과 기후변화, 경제 위기, 출산 절벽, 식량 부족 등이 멸망의 한 점으로 수렴되고 있다. AI와 양자 과학과 로봇의 발전도 인간을 편하고 행복하게 하는 것이 아니라, 사람의 일을 빼앗아가는 재앙이 되고 있다.

호킹이 지구가 멸망할 것이니 속히 다른 별로 이주해야 한다고 하니, 일론 머스크는 천재적인 머리와 재력으로 화성 이주를 준비한다. 가끔 천재들의 생각은 정상이 아닌 것 같다. 우리가 탄 기차는 싫든 좋든 종말을 향해 달리고 있다. 이 때 성도는 두 증인의 사명을 가지고 있어야 한다.

계시록 11장에 두 증인은 마흔두 달 기간 동안 사역한다. 이 기간은 7년 대환난의 전 3년 반의 기간으로 이때 사역하는 사람이 두 증인이다. 이 기간은 마지막 나팔이 불려고 할 때이고, 하나님의 비밀이 이루어지는 때이다.

바울은 "마지막 나팔에 순식간에 홀연히 다 변화"될 것이라고 했는데(고전 15:51), 요한은 그 마지막 나팔이 일곱째 천사의 나팔이라고 말한다.

"일곱째 천사가 소리 내는 날 그의 나팔을 불려고 할 때에 하나님이 그의 종 선지자들에게 전하신 복음과 같이 하나님의 그 비밀이 이루어지리라"(계 10:7).

마지막 나팔이 불려지기 전에, 두 증인의 사역이 1260일(42개월) 동안 진행된다.(계 11:3) 이 두 증인 중 한 명은 입에서 불이 나와서 원수들을 삼켜버리고, 하늘을 닫아 비가 오지 못하게 한다. 구약의 선지자 엘리야의 사역을 하는 것이다. 엘리야는 하늘에서 불이 제단에 내려 제물을 태운 성령 사역자이다. 또 다른 증인은 물을 피로 변하게 하는 재앙을 가져온다. 이것은 모세가 한 사역이다. 모세는 하나님께 율법을 받아 전한 말씀 사역자이다.

그러므로 두 증인은 말씀과 성령을 대변하는 사역이다. 이

두 증인은 말세 때 모세와 엘리야가 직접 내려와서 하는 사역이 아니고, 말씀과 성령의 사역을 하는 증인의 교회를 말한다.

두 증인의 죽음

42개월이 거의 채워져 갈 때 이 두 증인이 순교를 하고 사흘 반 동안 방치하여 장사하지 못하게 한다.(계 11:9) 이스라엘에서 사람이 죽으면 그 날 장사하는 것이 고인에 대한 예우이다. 그런데 사흘 반 동안 장사하지 못하게 하여 시체가 썩게 하는 것은 두 증인을 모욕하기 위함이다.

그런데 두 증인이 죽었는데 이상하게도 시체는 하나뿐이다. 헬라어 원어에서는 시체가 복수가 아닌 단수로 표기되어 있다. 두 명이 죽었는데 시체가 단수라는 것은 본래 두 명이 아닌 하나라는 것이다.

이는 그 시체가 사람이 아닌 하나의 교회를 말하는 것이다. 위에서 두 증인이 두 감람나무와 두 촛대라고 하였고, 계시록 2장에서도 촛대는 교회임을 밝혔고, 교회가 순교했을 때 하나를 뜻하는 단수로 표기된 것이다.

교회는 말씀과 성령으로 이루어진 하나의 공동체이다. 교회가 말씀과 성령으로 결합되지 못하면 그 교회는 무능하여 말세 때 순교할 능력이 없다. 말씀은 지극히 거룩하신 하나님의 말씀이고, 성령도 지극히 거룩하신 하나님의 영이다.

성도는 말씀과 성령으로 충만함을 받을 때 무너지지 않고, 결정적 순간에는 순교도 감당할 수 있다. 이방인들이 거룩한 성을 마흔두 달 동안 짓밟을 때 교회는 대박해기간이다. 다니엘이 이 기간을 미리 보았다.

"… 한 이레 동안의 언약을 굳게 맺고 그가 그 이레의 절반에 제사와 예물을 금지할 것이며 또 포악하여 가증한 것이 날개를 의지하여 설 것이며 또 이미 정한 종말까지 진노가 황폐하게 하는 자에게 쏟아지리라…"(단 9:27).

적그리스도 시대 때에 세상 독재자는 한 이레, 즉 7년 동안 언약할 것이지만, 이레의 절반, 즉 3년 반쯤에는 언약을 깰 것이고, 예배를 금지하며, 교회를 폐쇄하고 가증한 우상을 세워서 강제로 경배하게 할 것이다.

이런 상황이 실제로 예수님이 초림 하시기 전 신구약 중간에서 있었다. 알렉산더 대왕이 죽고 나라가 4등분 되고 안티오쿠스가 이스라엘과 동부 아시아를 차지한다. 안티오쿠스 4세는 예루살렘 성전에 우상을 세우고 돼지를 잡아 헬라식으로 제사를 지냈다. 할례를 금하고 우상에게 절하지 않고 개종하지 않는 사람들은 모두 죽였다.

이런 일이 종말 때에도 나타날 것을 예언하는 것이다. 그래서 두 증인 교회가 굵은 베옷을 입고 회개하라고 1260일을 예언하는 것이다.(계 11:3) 종말을 준비하여 공중 혼인 예식에 들림 받을 준비를 하라는 것이다.

두 증인이 죽은 지 사흘 반 만에 부활하였다.(계 11:11) 두 증인의 부활은 순교한 교회의 부활이고 성도의 부활이다. 아무나 부활하는 것이 아니고, 말씀과 성령을 힘입어 살아온 성도뿐이다. 이들이 부활하자 갑자기 하늘에서 큰 음성이 들린다.

"하늘로부터 큰 음성이 있어 이리로 올라오라 함을 그들이 듣고 구름을 타고 하늘로 올라가니 그들의 원수들도 구경하더라"(계 11:12).

"올라오라" 함을 듣고 구름을 타고 하늘로 올라가는 것은 성도의 휴거이다. 이때가 7년 대환난의 중간인 3년 반이 채워졌을 때이다. 이 때 휴거되지 못한 성도들은 7년 대환난의 후반기인 후 3년 반을 통과해야 한다.

성도들이 휴거 하자 즉시 땅에서는 큰 지진이 나고 성의 십분의 일이 무너지며 처절한 대환난을 예고한다.(계 11:13) 후 3년 반이 얼마나 처절한지 예수님은 택하신 자들을 위하여 그 날을 감하신다고 하셨다.(막 13:20)

택하신 자들은 말씀과 성령으로 거룩한 신부의 예복을 입고 믿음 생활한 성도를 말하고, 그들의 모임이 두 증인 교회이다.

두 증인 교회가 휴거 되어 공중에서 거룩한 혼인예식에 들어가는 것이다.

이 두 증인 교회는 부름에서 택함 받은 교회이다. 오늘날 부름 받은 교회, 예수님 믿는 교회는 많다. 그러나 구원받고 말씀대로 행하며, 구원의 의와 행함의 의가 가득한 교회와 성도는 적다. 코로나를 계기로 많은 성도들이 떨어져 나갔다. 교회 밖으로 나가서 인터넷으로 예배한다고도 하고, 아예 믿음을 잃어버린 사람들도 많이 있다.

성도는 두 증인이 되어 부름 받은 성도들을 다시 불러 모아야 한다. 서로 서로 잡아주고 세워주며, 다시 뼈를 깎는 회개를 통해 두 증인 교회가 되어야 한다.

서로서로

성막은 나 홀로 세워지지 않고 서로서로 연결하여 세워졌다.

"그 휘장 다섯 폭을 서로 연결하며 다른 다섯 폭도 서로 연결하고"(출 26:3).

성막이 서로 연결하고, 또 서로 연결하는 것처럼 교회도 서로서로 연결되어 세워진다.

신기하게도 첫 번째 '서로'가 히브리어로 '이쇠'인데 세속적 '여자'라는 뜻이다. 두 번째 '서로'는 히브리어로 '아호트'인데

'자매'라는 뜻이다. 의역하면 경건한 자매가 다른 여자들을 서로 잡아 주어 같이 세워가는 것이 성막이다.

성도는 예수님 앞에서는 모두 신부이고 여자이다. 여자 중에는 고멜과 같은 성도도 있고, 마리아처럼 경건한 성도도 있다. 음란한 여자와 같은 성도라고 버리면 성막이 세워지지 않고 교회도 세워지지 않는다.

경건한 성도가 세속적인 성도들을 잡아서 세워주며 함께 하는 것이 교회이다. 이 역할을 하는 교회가 두 증인 교회이고, 말세 때 휴거되는 교회이다.

닫는 글

또 다른 선교의 비전을 꿈꾸며

　캄보디아에서 30년을 선교하면서 해보지 않은 사역이 없는 것 같다. 교회 개척은 기본이고, 유치원과 초등학교 사역, 구제 사역, 장학후원사역, 집 지어 주는 사역, 청소년 학사 사역 등 수많은 사역을 했다. 또한, 한국 교회에서 파송된 단기팀 사역, 한국 병원 의료 지원 사역, 한국 목회자와 협력하는 신학과 부흥 사역 지원 등 나를 거쳐 간 많은 사역들이 있었다. 모두가 귀하고 꼭 필요한 사역이었다.

　캄보디아에 방문하여 나와 함께 협력한 한국 교회 선교의 일꾼들은 천 명은 족히 될 것 같다. 선교를 돈으로 계산할 수 없지만, 투입된 헌금은 어마어마할 것 같다. 그럼에도 불구하고 교회 부흥과 복음의 열매는 비례하지 않았다. 나는 선교하면서 많은 절망을 하였고, 그래서 내린 결론은 선교는 돈과 열정만 가지고는 안 된다는 것이다.

　주변에 많은 선교사들도 처음 선교지에 왔을 때의 환상과 비전은 어디 가고 시간이 지나며 나와 같이 낙담하며 절망하는 경우를 자주 보게 된다. 언제부터인가 동료 선교사를 위로하며 후원하였고, 사역지를 이양해 주기도 하였다. 그리고 현지 선교 이전에 먼저 우리 자신에게 선교하고, 말씀을 이루는 성경적 선교를 은근히 제시했다.

선교는 열정과 외부 후원만으로 성장하는 것이 아니고, 선교사가 변화되는 만큼 비례하는 것 같다. 제자들에게 성도의 숫자를 세지 말고 한 명에 집중하는 것이 중요하다고 했다. 수많은 군중보다는 한 명의 제자들을 키우라고 강조했다.

캄보디아에서 교회 개척한 첫날 사람들이 인산인해로 몰려왔던 일은 잊을 수 없다. 나는 매우 기뻤고 캄보디아 사람들이 복음을 열망하는 것으로 착각했다. 그러나 한 달도 안 가서 모든 사람은 썰물 빠져나가듯 다 사라져 버렸고, 그 가운데 지금까지 남아있는 사람은 단 한 명뿐이다.

교회를 개척하고 한국 교회처럼 긴 의자를 직접 땀 흘리며 만들었다. 한 달 성도 지났을 때 내전이 발생하여 우리 교회 지역이 모두 전소되었다. 하나님이 외형적으로 보기 좋은 교회를 세우지 말라고 하시는 것 같았다.

교회 건축도 캄보디아 성도들의 헌금 없이, 외국 교회의 헌금만으로는 세우지 않겠다고 다짐했다. 그래서 프놈펜 교회가 건축되기까지 14년이라는 시간이 걸렸다. 십 년 이상을 한 교회에 집중하며 한국에서 목회하듯이 선교한 것은 큰 은혜였다. 이때 많은 일꾼이 세워졌고 어디든지 가서 교회를 개척할 수 있는 제자들이 준비되었다.

어떻게 입소문이 났는지 몇몇 선교사들이 방문하여 나도 모르게 사역자를 스카우트(?)해 가기도 했다. 충실한 제자들이 지방에 나가서 교회를 개척하기 시작하니 여러 곳에 교회가 세워졌고 지금은 프놈펜교회와 더불어 자립을 향해 달려가고 있다.

이제 은퇴할 시간이 다가오면서 뒤를 돌아본다. 선교사가 떠나면 자립되지 못한 교회는 문을 닫는 경우가 많다. 그런데 우리 교회는 내가 떠나도 경제적으로 조금 어렵기는 하겠지만 문 닫을 교회는 하나도 없을 것 같다. 말씀 중심의 선교를 하지 않았다면 문 닫을 교회가 많았을지 모르겠다. 나는 말씀으로 가르치는 사역에 집중했다. 한국에서 교회 개척하듯이 새벽과 저녁 모임까지 매일 성경을 성도들과 같이 읽고 가르쳤더니 성도들의 믿음이 놀랍도록 빠르게 성장했다.

학사 사역을 하며 3개월 정도 매일 성경 공부를 하니 많은 청년이 변화되는 것을 보고 왜 내가 과거에 초신자 딱지를 오랫동안 달고 살았는지 알게 되었다. 내가 한국에서 몇 년을 믿어도 이루지 못한 것을 캄보디아 제자들에게 성경을 가르치며 몇 개월 만에 도달하는 것을 보게 되었다.

　매일 성경을 읽고, 매일 기도하는 것이 이렇게 중요한 것임을 깨닫게 되었다. 내가 생각하기에 선교지 성도들은 비교적 한국 성도들보다 순종을 더 잘하는 것 같다. 선교사가 하라고 하니까 당연히 해야 하는 줄 알고 열심히 따라서 했다. 이런 성도들은 지금은 대부분이 목회자가 되었고, 아니면 회사의 중책을 맡는 사람들이 되었다.

　처음 선교지에 올 때는 선교지에서 뼈를 묻으려고 생각했다. 그런데 시간이 지나 제자도 나이가 들어 교회의 담임목사가 되고, 우리 교단 총회에서 총회장급의 중책을 맡게 되었다. 내가 옆에서 계속 있으면 좋을 수도 있지만, 그들에게 부담될 수도 있고 너무 익숙한 이 생활에 벗어나 새로운 사역에 도전해야겠다는 생각이 들었다.

　이제는 여기를 떠나서 또 다른 선교의 비전을 꿈꾸고 있다. 한국이 급속히 나문화 되어 가고 캄보디아 사람들도 많아지고 있다. 한국에서 근로자로 일하는 캄보디아 성도들이 캄보디아 모 교회에 큰 힘이 되고 있다. 그들이 보내는 헌금은 캄보디아 현지인 교회에 재정적으로 많은 도움을 주고 있으며 학생들에게 미래에 대한 꿈을 심어주기도 한다.

　나는 한국에 캄보디아 교회를 개척하고 이들을 통해 캄보디아의 본 교회를 섬기며 선교하게 하는 프로젝트를 꿈꾸고 있다. 이들에게 복음이 불일 듯 일어나 한국과 캄보디아에 다음 세대들을 세우는 일들을 하게 될 것이다.

선교하며 내가 책을 쓸 것이라고는 생각하지 못했다. 제일 먼저는 주변의 선교사님들 중에 몇 분이 제안했고, 아내가 그동안 깨달은 것들을 책으로 낼 것을 권했다. 마지막으로는 한스북스 사장인 후배 류한경 장로님이 캄보디아에 방문한 것이 결정적인 계기가 되었다. 모두에게 감사드린다.

이 책은 그동안 내가 사역하며 받은 말씀을 간추린 것인데 같이 도전을 받으며 이 시대를 말씀으로 승리하면 좋겠다.

캄보디아에서 만난 하나님
부름에서 택함으로

1판 1쇄 펴냄 2025년 5월 18일

지은이 황신
펴낸이 류한경
펴낸곳 한스북스
출판등록 2011년 11월 15일 제301-2011-205호
주소 서울시 중구 퇴계로 32길 24, 301호(예장동, 예장빌딩)
전자우편 hanrhew@hanmail.net

Copyright ⓒ 황신 2025

• 본 책은 저작자의 지적재산으로서 무단 전재와 복제를 금합니다.
• 잘못된 책은 바꾸어드립니다.

값 16,000원
ISBN 979-11-87317-19-7 03230